스무 살에 만난

유대인 대부호의 가르침

스무 살에 만난

유대인 대부호의
가르침

혼다 켄 지음　　　　송소정 옮김

The millonaire's
Philosophy for
happy life

알파미디어

차례

内가 진정으로

원하는 현실에 의식의 초점을 맞춰라.

사소한 생각의 차이가 행복한 부자를 만든다.

내 인생을 바꾼 뜻밖의 만남

그 노인을 만난 것은 1년간의 미국 체류가 끝나갈 무렵이었다. 당시 스무 살 대학생이던 나는 한 봉사단체의 초청으로 미국으로 건너가 플로리다 지역의 실버타운을 돌며 일본 문화와 평화에 대해 강연하고 있었다. 그와 동시에 지역에서 성공한 기업가와 예술가들을 만나 그들의 성공 비결을 인터뷰했다. 일본에 돌아가면 친구들처럼 대기업에 취직하지 않고 사업을 해보려고 했던 나는 미국에 있는 동안 어떻게든 그들의 성공 비결을 꼭 알고 싶었다.

고국으로 돌아가는 날이 겨우 1개월 남짓 남자 솔직히 초조해졌다. 이대로 돌아가면 친구들의 구직 활동을 보며 그 분위기에 휩쓸려 그냥 취직해버릴 것 같았다. 어떻게든 인생을 바꿀 성공 비결을 손에 넣어야만 한다고 날마다 생각했다.

그때 이 노인을 만났다. 지금까지 인생을 돌이켜보면 그야말로 절묘한 타이밍에 훌륭한 인연을 만나곤 했는데, 바로 이 만남도 그랬다.

내가 강연을 막 끝냈을 때였다. 기품 있고 몸집이 작은 노인이 다가와 강연 내용이 훌륭해 꼭 인사를 하고 싶었다며 말을 걸었다. 그는 나치의 박해를 피해 유럽에서 도망쳐 미국으로 건너오던 도중에 일본에도 체류한 적이 있다고 했다. '게라'라고 이름을 밝힌 그 유대인 노인은 괜찮으면 다음 날 점심을 대접하고 싶다고 말해 나는 기꺼이 거기에 응했다.

그 만남이 내 인생을 크게 바꿀 줄은 그때는 생각지도 못했다.

알려준 주소로 차를 몰고 갔더니 플로리다 지역에서도 큰 부자들이 산다는 대저택이 늘어선 곳이었다. 설명하기가 어렵지만, 작은 마을 전체 구획이 펜스로 구분되어 있고, 입구에는 무장한 경비가 서 있었다. 신분 증명서를 보여주지 않으면 게라 씨를 만날 수 없는 시스템이었다.

입구에서 작은 마을 부지로 들어가도 숲이 이어질 뿐 아무리 봐도 일반적인 주택지라고 생각하기 어려웠다. 숲 건너편에 보였다 안 보였다 하는 대저택만이 이곳의 특별함을 일깨워주었다. 노인이 알려준 주소의 입구 진입로에 들어서자 드디어 거대한 부지가 보였다.

멋진 슈트를 차려입은 집사가 "기다리고 있었습니다"라는 예의 바른 말과 함께 나를 맞이했다.

집사가 안내한 서재에 들어서자 큰 벽면 한쪽 책꽂이에 장서가 가득 들어차 있었다. 며칠 전에 작게 보였던 그 노인이 지금껏 만난 사람 중에서 월등한 부자임이 틀림없는 것 같았다.

방에 들어서자마자 게라 씨는 나를 꼭 껴안았다.

"어서 오게. 일본을 떠난 지 벌써 수십 년이 되었다네. 자네가 태어나기 훨씬 전에 고베에 간 적이 있었어. 실의에 빠져 여행하던 도중에 일본인들이 아주 친절하게 대해준 일이 나도 모르게 엊그제 일처럼 떠오르더군. 자네가 고베에서 왔다는 얘기를 듣고 그때의 감사 인사를 하고 싶었다네. 그 당시 정말로 감사했고 일본인들의 소소한 배려가 마음에 사무쳤었지."

"그러셨군요. 불가사의한 인연이네요. 초대해주셔서 감사합니다. 조금 있으면 일본으로 돌아가는데 오늘이 좋은 추억으로 기억될 것 같습니다."

그렇게 말하면서 나는 내가 태어나기 전의 고베 사람들에게 마음속으로 감사를 전했다. 그들의 친절 덕분에 이 노인한테서 특별한 대우를 받을 수 있었으니.

잠시 잡담을 나누면서 나는 그동안 많은 저명인사에게 해왔던 질문을 게라 씨에게도 물어보았다.

"저는 미국이라는 나라가 위대하다고 생각합니다. 지금까지 저명한 예술가, 정치가, 기업인을 인터뷰해왔는데 그 생각이 한 층 더 강해졌습니다. 일본에 돌아가기 전에 저는 반드시 그 본질을 배우고 싶습니다. 어르신의 젊은 시절 이야기를 여쭤봐도 될까요?"

"물론이네. 뭐든 물어보게."

그 이후 그는 성장 과정에서부터 시작하여 유럽에서 미국으로 도망쳐 온 일, 비즈니스를 어떻게 시작하여 지금에 이르렀는가 하는 이야기를 요약해서 말해주었다. 내가 많은 사람에게 들었던 에피소드 중에서도 가장 극적이었다.

오스트리아에서 유대인으로 태어난 그는, 실업가인 아버지에게서 훈련을 받고 사업에서 성공했지만, 나치의 등장으로 겨우 유럽을 빠져나와 시베리아와 일본을 거쳐 미국으로 이주했다. 뉴욕에서 다이아몬드 사업으로 성공한 뒤 부동산 사업에 진출해 미국 전역에 호텔, 쇼핑센터를 세워 큰 부자가 되었다.

내 인생에 이런 사람을 알게 될 기회는 없을 거로 생각했다. **성공의 비결을 듣는다면 이 사람 외에는 없다는 확신이 들었다. 그런 생각이 들자 곧바로 행동으로 옮겼다!**

나는 큰 소리로 부탁했다.

"저는 어르신 같은 분을 찾고 있었습니다. 일본에 돌아가서 저는 사업을 해서 독립하고 싶습니다. 부디 어르신의 성공 비결을 알려주십시오. 어르신이 하시는 말씀이라면 무엇이든지 하겠습니다."

그는 잠시 뜸을 들였다가 말했다.

"먼저 내가 내는 테스트를 통과하면 그렇게 하겠네."

과연 시험에 통과할 수 있을까

그가 낸 시험은 '나는 이 젊은이가 인생에서 성공하는 것을 진심으로 응원한다'라고 쓰인 종이에 천 명의 서명을 3일 이내에 받아오는 것이었다.

시험이라고 해서 나는 필기시험이라도 보는 것일까 하고 막연히 생각했다가 이 내용을 듣고서 당황해서 말이 나오지 않았다. 그러나 이 같은 기회가 흔하지 않다는 것을 알기에 바로 "하겠습니다"라며 기운차게 대답했다.

하지만 이게 가능한 일인가 싶었다. 하겠다고 말한 직후부터 솔직히 몹시 난감해지고 말았다. 천 명이라니, 정말 터무니없는 숫자다.

미국은 뉴욕 같은 대도시를 제외하면 일본의 번화가처럼 길에 다니는 사람이 많지 않다. 하물며 이곳은 미국에서도 길을 걷는 사람이 거의 없는 플로리다의 한적한 지방인 것이다. 우선 사람이 붐비는 곳으로 가야 하므로 쇼핑센터에서 서명을 받기로 했다. 거절당하는 일이라면 이미 일본에서 전단지를 나눠주는 아르바이트를 하며 충분히 경험해본 터였다.

쇼핑센터에서 캐치 세일즈catch sales(경영 설문조사, 사은품 제공 따위를 빙자하여 소비자의 관심과 흥미를 불러일으켜 상품을 파는 방식)를 하듯이 "설문조사를 부탁드립니다"라며 길을 가는 사람에게 생글거리면서 말을 걸었지만, 수상쩍어 보였는지 계속 거절을 당했다. 결국 첫날은 온종일 녹초가 되도록 애를 썼음에도 겨우 10여 명한테서만 서명을 받았다. 언어 문제가 있었을지도 모른다. 장소가 안 좋았던 탓일지도 모른다. 그러나 근본적으로 뭔가를 바꾸지 않는 한 도저히 사흘에 천 명은 무리가 분명했다.

절망적인 기분에 휩싸이면서도 진지하게 새로운 전략을 구상했다. 길을 가는 사람이 기꺼이 서명해줄 어떠한 시스템이 필요하다. 도대체 무엇을 하면 좋을까?

마침내 종이학을 선물하기로 했다. 일본을 떠나기 전에 부적으로 받았던 학을 효과적으로 활용할 때가 왔다. 친구가 무사하기를 빌고 또 빌며 내게 준 종이학 천 마리를 한 마리 한 마리 분해하여 봉지에 담았다. 그러고 제대로 잠도 자지 못한 채 다음 날 아침을 맞았다.

'자, 오늘로 모든 것이 결정된다'라며 정신을 집중한 뒤 맨 처음 지나가는 사람에게 말을 걸었다.

"안녕하세요. 저는 일본에서 온 학생인데, 게임에서 이기지 않으면 일본으로 돌아가지 못합니다. 도와주실 수 있으십니까? 서명만 해주시면 돼요. 감사 선물로 종이로 접은 학을 드리겠습니다."

말을 끝내기가 무섭게 순식간에 사람들이 나를 에워쌌다. 내 앞에는 행렬이 만들어졌고 모두가 기분 좋게 사인을 해주었다. 말하자면 물고기가 연달아 잡히는 것 같은 상황이었다. 개중에는 가족, 친구의 이름까지 써서 그 숫자만큼 종이학을 받아가는 약삭빠른 사람도 있었지만, 내 입장에서는 그 같은 사람도 대환영이었다.

재미있게도 줄을 정리해주는 꼬마 조수까지 생겨서 나는 겨우 반나절 만에 천 명의 서명을 모으는 데 성공했다. 두 번째 만남을 위해 저녁때 다시 기운차게 게라 씨 집으로 향했다.

손으로 쓴 서명 리스트를 보자 게라 씨는 만족스러운 얼굴로 나를 보며 말했다.

"단시간에 잘 해냈군. 대단하네. 친구도 아무도 없는 이국땅에서 자네가 이렇게나 빨리해낼 거라곤 생각하지 못했네. 신기

록이야. 자네처럼 머리가 좋은 청년이라면 내가 말하는 것을 잘 이해하겠지. 그런데 이미 자네는 내가 가르쳐주기 전에 사업가로서 성공할 세 가지 요소를 배웠다네."

당황한 나를 보며 그는 이어 말했다.

"사업가로서 성공하고 싶다면 세 가지 요소가 꼭 필요하네. 무엇인가를 하겠다고 정했다면, 그 목표를 향해 전략을 세울 것. 그리고 그것을 실행할 것. 마지막으로 그것이 잘될지 아닐지를 고민하며 시간을 허비하지 않고 끝까지 해내는 열정이네. 그런데 도대체 어떻게 천 명의 서명을 받을 수 있었는가?"

자초지종을 말하자 그는 만족스러운 듯 고개를 끄덕였다. 아무래도 그가 낸 첫 시험에는 합격한 것 같았다.

"곤란한 상황을 맞닥뜨렸을 때 그 같은 창의적인 아이디어를 낼 수 있는가는 무척 중요하네. 그것이 성공과 실패를 가른다고 할 수 있네. 대부분 사람은 그 지점에서 아주 쉽게 포기해버린다네. 결국에는 사인을 해주지 않는 사람들이나 그 시험을 낸 나를 나쁜 사람 취급하는 것으로 끝나버리지."

"정말 그럴지도 모르겠습니다."

"어떤 사업가든 다른 사람의 응원을 받지 않고서 성공할 수는 없네. 이 서명을 보게나. 알지도 못하는 미국인 천 명이 자네의 성공을 응원해주고 있네. 타인에게 신뢰를 얻는 것, 응원을 받는 것. 이 두 가지를 잘할 수 있다면 자네는 무엇을 하든 성공할 수 있어."

지금까지 들어본 적 없는 내용과 말투에 나는 감동하지 않을 수 없었다.

'그런가, 필사적으로 사인을 받느라 알아차리지 못했지만 정말로 천 명이나 되는 사람이 내가 성공하기를 바라고 응원하며 사인해주었구나……'

이런저런 생각과 감정이 복받쳤다.

나를 시험해보면서 신뢰와 응원의 의미까지 알려준 노인이 대단해 그야말로 압도당한 기분이었다. 게라 씨는 아무 말도 못 하는 내게 말을 건넸다.

"자네만 괜찮다면 당분간 이곳에 머물러도 좋네. 방은 많으니까. 나와 아내 둘뿐이라서 왠지 쓸쓸하다네. 머무는 동안 이런저런 이야기를 해보지 않겠나?"

물론 내게는 바라 마지않던 일이었다. 곧장 "괜찮으시다면 기꺼이 그러겠습니다!"라고 큰 소리로 답했다.

이렇게 해서 나의 운명을 바꾼 게라 씨의 수업이 시작되었다.

행복한 부자 되기 수업을 시작하다

게라 씨네의 손님이 된 지 일주일이 지났다. 그동안 우리는 테니스를 치거나 수영장에서 수영하며 함께 시간을 즐겼다. 기대했던 성공에 관한 수업은 아직 아무것도 시작하지 않았지만, 내게는 태어나서 처음이라고 해도 좋을 만큼 편안한 시간이었다. 게라 씨 부부와 지내는 것은 조부모님을 일찍 여의었던 내게 무엇보다도 기분 좋은 일이었다. 시간은 순식간에 지나갔다. 어느 날 저녁, 테라스에서 차를 마시는데 게라 씨가 이야기를 시작했다.

"드디어 자네도 준비가 된 것 같군. 슬슬 시작해볼까?"

"예? 지금부터 말입니까? 저도 처음에는 해보자는 의욕이 가득했는데, 지금은 왠지 많이 줄어들었습니다. 조금은 불안한 생각마저 듭니다."

"괜찮네. 기세등등한 열의는 오히려 새로운 것을 배우는 데 방해가 될 수 있네. 열의가 적당히 가라앉았을 때 시작하려고 했는데 지금이 딱 좋군."

"그러셨군요."

나는 그렇게 말했지만 더욱 주눅이 들었다. 그런 배려까지 해주어 면목이 없으면서도 다른 사람의 마음을 정확하게 꿰뚫어 보는 그의 통찰력에 감탄했다.

"내가 지금부터 말하는 것은 유럽의 유대인 대부호에게 배웠다네. 그는 큰 사업가이면서 멋진 인격을 지닌 분이었지. 젊은 시절 나는 가르침을 받기 위해 그를 찾아갔다네. 결국 1년을 기다렸지. 좀 전에 자네한테 말했던 것과 같은 이유로 기다려야 했다네. 그러고 나서 그의 사무실과 자택에 자주 드나들면서 인생을 살아가는 마음가짐, 다른 사람들을 대하는 법, 사업을 하는 법 같은 것을 배웠네. 그중 첫째인 돈과 인생의 본질을 자네에게 알려주지. 하지만 그것을 가르쳐주기 전에 조건이 있네."

나는 '어라, 시험에는 벌써 통과했습니다만……'이라고 생각하며 낙담했다. 그리고 지난번 시험이 천 명의 서명을 받아오는 것이라면, 이번 시험은 또 얼마나 어려운 조건일지 걱정하며 게라 씨의 다음 말을 기다렸다.

그는 계속 말했다.

"첫째 조건은 이 얘기를 들은 후부터는 **꼭 행복한 부자가 되겠다고 약속해주기를 바라네.** 그 약속을 하지 못하는 사람에게는 이 얘기를 하지 않기로 했네. 어떤가?"

내 머릿속은 여러 생각이 뒤죽박죽 엉갈렸다.

'음, 약속해도 될까. 만약 약속하고 그것을 지키지 못하면 어떻게 될까? 무슨 벌칙이라도 있는 걸까?'

잠시 생각에 잠겨 말없이 있자, 그는 결단을 재촉하듯이 말했다.

"약속할 수 있는가? 약속할 수 없으면 이 얘기는 없던 거로 하지"라며 자리를 뜨려고 했다.

나는 이 기회를 놓쳐서는 안 된다는 절박한 마음에 "약속하겠습니다!"라고 소리쳤다.

그는 빙그레 웃으며 말했다.

"둘째 조건은, 자기 인생에 100퍼센트 책임을 진다고 약속해주게. 어떤가? **자네 인생에서 일어나는 일에 스스로 책임질 수 있는가?**"

나는 그가 하는 말을 잘 이해하지 못했지만 엉겁결에 "물론입니다"라고 대답했다. 만족한 그는 계속 말했다.

"마지막 조건은 이 얘기를 듣고 자네가 성공하면 전도유망한 젊은이에게 이 지혜를 가르쳐주어 그들의 성공을 도와주겠다는 약속이네. 어때, 약속해주겠나?"

그 말을 들었을 때 나는 온몸에 전류가 흐르듯 전율했다. 나도 모르게 눈물이 흘렀다. 내 눈물에 당황하면서 나는 고개를 크게 끄덕였다.

게라 씨는 나를 가까이 오게 하더니 꽉 껴안아주면서 말했다.

"축하하네. 이제 자네는 자신에게 주어진 본래의 운명을 걸어갈 때가 온 듯하네. 자, 망설이지 말고 그것을 받아들이게나. 이제 운명에 몸을 맡기기만 하면 되네."

부자가 되려면 돈을 잊어라

기다리고 기다리던 수업은 다음 날 아침부터 시작됐다. 베이글과 오믈렛, 신선한 샐러드가 나온 아침 식사를 끝내고 함께 테라스로 갔다. 100제곱미터 넓이에 붉은 벽돌이 깔린 바닥과 깔끔한 장식의 지붕으로 이루어진 아름다운 테라스였다. 비 내리는 날에 유리문을 당기면 커다란 집이 되기도 하는 구조였다.

집에서 좀 떨어진 아름다운 정원에 자리 잡은 테라스는 게라 씨가 손님을 초대해 가든파티를 즐기는 곳이었다. 숲속 벤치에 앉자 그는 미소를 지으며 말문을 열었다.

"우선 묻고 싶은 게 있네. **자네는 왜 성공하고 싶은가?**"

"제가 최근 1년 동안 강연을 하며 미국을 돌아다녀보니까 결국 돈이 모든 것의 열쇠라는 생각이 들었습니다. 사람은 정치적 이념보다도 돈으로 움직인다는 것을요. 그래서 사회를 바꾸려면 성공해서 부자가 되어야 한다고 생각했습니다. 그것이야말로 저의 사명이라고 믿고 있습니다."

나는 그의 질문에 열심히 대답했다.

지금까지 만났던 성공한 사람에게 이런 말을 하면 "젊은 녀석이 대단하군"이라며 칭찬을 듣곤 했다. 그러나 게라 씨는 전혀 감명을 받지 않은 듯했다. '앗, 상황이 이상한데······'라고 혼자 생각하고 있는데 그가 상냥하게 말하기 시작했다.

"그 말인즉 자네는 사회를 바꾸기 위해 성공하고 싶다는 것이군?"

그는 조금 놀리듯 말했다.

"말씀하신 대로입니다."

"그러면 사회만 바꿀 수 있다면 가난해도 괜찮다는 건가?"

"아……."

정곡을 찌르는 질문이었다. 분명 사회를 바꾸고 싶다는 마음이 거짓은 아니지만 가난하게 살아도 좋으냐는 물음에 말문이 막혀버렸다.

"속마음은 어떤가? 사회를 바꾸는 것도 분명 중요하지만, 그보다 사회를 변화시킬 정도로 큰 사람이 되고 싶은 것이겠지. 그만큼 영향력 있는 사람이 되어 남에게 존경받고 싶겠지? 여성들에게도 인기를 얻고 남들이 치켜세워주는 등 좋은 일투성이일테지."

"……."

핵심을 찔려 말이 나오지 않았다. 스스로 생각해본 적도 없었던 성공하고 싶은 진정한 이유가 드러나자 부끄러워 온몸이 화끈거렸다. 이 대화를 빌딩 옥상에서 했다면 발작하듯 뛰어내렸을지도 모른다. 하지만 눈앞에는 뛰어들어도 상처 하나 생기지 않을 듯한 푸른 잔디가 펼쳐져 있었다. 내가 할 말을 잃은 채 가만히 있자 그가 말을 계속했다.

"괜찮네. 나도 실은 젊은 시절에 같은 생각을 했네. 나 역시 선생님께 지적을 받고 창피해서 쥐 구멍에라도 숨고 싶었지."

그가 경쾌하게 웃기 시작해 덩달아 나도 웃고 말았다. 여기까지 꿰뚫어 보았다니 이제 마음대로 하세요, 하는 기분이 들기도 하고, 똑같은 경험을 했다는 게 라 씨에게 무척 친밀감이 느껴지기도 했다.

"정말로 성공하고 싶다면 우선 동기가 중요하네. 그 동기가 어긋나면 인생이 엉망이 된다네. 권력을 얻기 위해 성공하려는 사람은 권력투쟁에 빠져버리지. 존경을 받기 위해 성공하려는 사람은 타인에게 주목받고 싶어 하는 무한지옥에 떨어진다네. 그러면 사회적으로 어느 정도 성공하더라도 결코 행복할 수 없지. 성공하는 것만으로는 행복해질 수 없기 때문이라네. **행복하게 성공하고 싶다면 자기다운 인생을 살아가는 데 집중하고 돈이나 성공은 잊어버려야 하네.**"

그의 서툰 영어 탓인지 나의 영어 듣기 능력이 형편없는 탓인지 그때의 나는 그의 말을 잘 이해하지 못했다.

"행복한 부자가 되려면 돈에 관한 일을 잊어버리라는 말씀입니까?"라고 되물었다.

"나는 자기다운 인생을 살아가는 데 집중하라고 말했네. 그리고 돈과 성공에 대한 것은 잊어버리는 편이 좋다고 했지."

"돈에 대한 것을 잊는다면 어떻게 부자가 됩니까?"

"자네는 이미 돈에 집착하고 있어. 돈에 집착하면 행복한 부자는 될 수 없네. 행복한 부자는 마음을 백지상태로 유지하며 산다네. 있는 그대로 보고, 들리는 그대로 듣고, 느끼는 대로 살아가네. 반면에 대부분 인간은 자신이 보고 싶은 것을 보고, 듣고 싶은 것을 들으며 살지. 자기답게 사는 것 같아도 타인이 원하는 인생을 산다네. 내가 말하는 뜻을 이해하겠는가?"

"예. 저도 미국에서 강연하면서 깜짝 놀란 적이 많았습니다. 어느 날 청중 한 명이 '당신은 미국이 형편없는 나라라고 말했는데 일본은 어떤가요?'라면서 화를 내는 것이었습니다. 저는 미국이 형편없다는 말은 절대 하지 않았거든요. 정말이지 그때는 주위 사람들이 그녀를 나무랄 정도였습니다."

"어째서 그 사람은 그렇게 잘못 들었다고 생각하나?"

"그건 아마도 그녀가 감정적으로 됐기 때문이겠죠."

"자네도 지금 같은 행동을 하고 있다네. 돈 버는 비결을 알고 싶은데 생각했던 것과 다른 답이 나오니까 감정적으로 동요하고 말았네."

"정말 그랬습니다. 죄송합니다."

"아니, 사과할 필요는 없네. 다만, 행복해지고 싶다면 마음을 평온하게 해서 상대가 무엇을 말하는지를 있는 그대로 들어야 해. 상대가 무슨 의도로 그런 말을 하는지를 잘 이해하는 것이 무엇보다 중요하지. 나는 '행복한 부자가 되려면 자기다운 인생을 살아야 한다'라고 말했네. 대부분 사람은 돈을 찾아서 방황하며 떠돌고, 돈을 위해서라면 무엇이라도 하지. 하지만 얄궂게도 그 결과를 보면 일시적으로 손에 들어온 돈은 어느 순간 사라지고 마음의 평안, 행복, 때때로 건강마저 잃어버리지. 자네가 이 같은 실수를 범하지 않기를 바라네."

게라 씨는 계속 말을 이었다.

"성공을 제대로 잊어버릴 수 있는 인간만이 행복하게 성공할 수 있다네. 사회적 존경과 힘, 애정, 우정을 성공과 돈으로 구한 인간은 결국 불행해지고 말아. 왜냐하면 성공에 도달했을 때 그곳에 마음의 평안과 행복이 없다는 사실을 깨닫기 때문이지."

"어쨌든, 지금은 잊는 게 좋다는 말씀이군요?"

"그렇다네, 그런 솔직한 마음가짐은 정말 좋군. 내 말을 전부 믿지 않아도 괜찮네. 검증해보고 정말이라고 생각되면 그때 받아들이게."

게라 씨의 말을 듣고는 온몸에 넘쳐흘렀던 힘이 쓱 빠져나가는 느낌이었다. 하지만 결코 나쁜 느낌은 아니었다. 그러나 그때까지 내가 허세를 부렸을 뿐이었음을 진정으로 이해한 것은 상당히 나중의 일이었다.

성공한 사람과 그렇지 않은 사람의 차이

"다음으로 자네가 생각해야 하는 것은 세상의 현실이라네. 세상에는 어째서 사회적·경제적으로 성공한 사람과 그렇지 못한 사람이 있다고 생각하는가?"

그런 질문을 받자 나는 선뜻 대답할 수 없었다.

'왜 그럴까. 생각해본 적이 없는데……. 성공하고 싶다고만 생각했지, 어째서 어떤 사람은 성공하고, 어떤 사람은 성공하지 못하는 걸까?'

거기까지는 생각이 미치지 않았다. 아무 말도 하지 않는 것도 이상해서 나는 "학력과 타고난 집안, 재능과 운 때문이겠죠"라고 떠오르는 대로 답했다. 그러자 그가 조용히 미소를 지었다.

"보통은 그렇게 생각하지. 자신이 성공하지 못하는 이유도 그런 것들 때문이라고 생각하네. 그러나 성공하는 사람은 그런 것이 성공과 아무런 관계가 없다고 생각하네. 왜 그들은 그렇게 생각할까? 그것은 현실의 인생을 잘 관찰하고 있기 때문이야. 세상에서 성공한 사람과 그렇지 않은 사람의 차이를 잘 관찰하면 성공과 학력, 집안, 재능, 운 사이에는 전혀 관계가 없다는 사실을 알 것이네."

게라 씨는 계속 말을 이었다.

"성공하는 사람은 사물을 있는 그대로 보네. 그러나 보통 사람은 다른 것을 보지. 편견과 두려움, 왜곡된 가치관, 윤리관을 통해 사물을 보기 때문에 이는 아무것도 보지 못하는 것과 같다네. **사물의 본질을 꿰뚫어 보는 것이 행복한 성공을 위한 핵심 요소라네.**"

그렇게 이야기하는 그의 말은 막힘이 없었고, 평소의 차분한 느낌과는 달리 엄숙함이 가득 차 있었다.

"눈을 크게 뜨고 있는 그대로 현실을 볼 수 있다면, 성공은 약속된 것이나 다름없네. 지금부터 자네에게 17가지 법칙을 알려주겠네. 그 하나하나를 통달해갈 때 눈을 뜨고 사물을 제대로 보는 것이 중요해. 그렇지 않고는 이 지혜를 얻을 수 없네. 또 지혜를 얻기 위해서는 자신 안에 있는 두려움, 불안, 편견과 잘못된 신념을 모두 뛰어넘어야만 하네."

지금 즐길 수 있는 것에 전심전력을 기울여라.
그런 삶의 방식이 정신적 즐거움과
경제적 풍요로움을 함께 가져다준다.

세상의 메커니즘을 알면
돈의 원리가 보인다

*The millonaire's
Philosophy for
happy life*

아침 산책에서 돌아와 테라스에 자리 잡은 게라 씨는 매우 기분 좋은 얼굴로 이야기하기 시작했다.

"맨 먼저 자네가 알아야만 하는 것은 '사회의 구조'에 관해서네. 지금의 사회가 어떻게 구성되어 있는지를 알지 못하면 성공할 수 없어. 부자는 자녀가 어릴 때부터 이런 지혜를 대대로 물려주고 있지. 세상의 구조를 알지 못하면 부자가 되기 어렵네. 자네는 열심히 노력만 하면 부자가 될 수 있다고 생각하는가?"

"부지런히 노력하면 어떻게든 길은 열린다고 생각합니다."

"그러면 나이는 같은데 1년에 5만 달러를 버는 사람과, 50만 달러를 버는 사람, 500만 달러를 버는 사람이 있네. 그들의 차이점은 무엇일까? 5만 달러를 버는 사람이 50만 달러를 버는 사람보다 100배로 열심히 일한 걸까?"

"아니요, 그건 무리겠지요."

"꼭 그런 것은 아니겠지만, 연봉이 5만 달러인 사람이 가장 바쁘고 열심히 매일 노력하겠지. 연봉 500만 달러인 사람은 자신의 사업체를 가지고 있고, 연봉 50만 달러로 전문경영인을 영입할 것이네. 50만 달러를 버는 전문경영인은 일자리를 찾아서 온 연봉 5만 달러인 사람을 종업원으로 고용해서 사업을 한다네.

그런데 얼마 전에 TV에서 봤는데 도쿄에서는 아침 러시아워에 전철에 사람을 밀어 넣는 일을 하는 사람이 있다고 하더군?"

게라 씨는 일본에 대해서 제법 자세히 알고 있었다. 일본인의 사고방식, 느끼는 방식에 대해 무척 흥미가 있는 것 같았다. 어째서 그런 것까지 알고 있을까 하고 생각하면서도 "예, 그렇습니다"라고 대답했다.

"그 러시아워 때에 미는 사람도 밀리는 사람들도 1년에 50만 달러를 벌고 있을 것 같지는 않네. 아마도 1년에 5만 달러 정도겠지."

"그럴 거로 생각합니다. 그 세 사람의 차이는 어디서 오는 건가요?"

그러자 게라 씨는 장난스러운 얼굴로 되받아쳤다.

"자네는 무엇이 다를 것으로 생각하는가?"

그의 가르침은 늘 이런 식이었다. 간단히 정답을 알려주는 대신 상대에게 생각을 유도한다. 머리에 땀이 나게 하는 것이 그의 방식이었다. 그사이에 상대는 진지하게 생각하는 습관이 들고 자립하게 되는 것이다.

게라 씨 부하직원의 말에 따르면 그는 질문의 천재라고 한다. **질문에 답하는 동안 정답을 말할 수 있게 된다.** 질문에 답을 하는 쪽은 스스로 그 답을 떠올렸다고 기뻐한다. 사실은, 게라 씨의 절묘한 질문이 정답을 끌어냈지만 상대가 그렇게 느끼지 않도록 하는 점이 대단했다. 축구에서 공을 패스할 때 상대가 달려갈 것으로 예상하는 공간에 공을 차주는 것이 일류 선수인데, 게라 씨의 질문도 바로 그런 느낌이었다.

"재능인가요?"

"재능이 있어도 성공하지 못하는 사람들이 많다네."

"그러면 노력일까요?"라고 나는 자신 없이 말했다.

"대부분 사람은 나름대로 매일 최대한 노력한다네. 노력한 사람이 모두 성공할 수 있다면 얼마나 좋겠나."

내가 제공하는 서비스가 곧 나의 보수

게라 씨는 종이 냅킨에 다음과 같이 크게 썼다.

자네가 제공한 서비스의 양과 질 = 자네가 받는 보수

"자네가 지금부터 어떤 인생을 살든지 이 점만은 꼭 기억하게. 자네가 무엇을 하든 이 법칙은 통한다네. 자네가 세상에 제공한 서비스의 양과 질이 곧 자네가 받는 보수가 된다는 것. 도로를 청소하는 사람은 그에 걸맞은 돈을 받아. 회사에서 근무하면 정해진 급여를 받고. 스타는 많은 사람을 즐겁게 해주기 때문에 거액의 보수를 얻지. 외과 의사는 그 기술에 따라 높은 보수를 받아. 이해했는가? **자네가 장래에 제공할 서비스가 그대로 보수가 된다는 걸 말일세.**"

"예, 잘 알겠습니다. 하지만 어떻게 돈에 관한 사실을 잊을 수 있습니까?"

"하하하. 내가 두 번이나 자네한테 잊으라고 말했는데도 아직 돈에 관해 말하는구면. 돈을 잊으라는 말은 서비스에 의식을 집중하라는 의미네. 급여를 받는 사람은 일하는 시간이 지루하므로 그 시간이 빨리 지나가지 않는다고 생각하네. **그들은 '남들한테 받을 수 있는 것'에만 흥미가 있을 뿐이지. 그래서 부자가 될 수 없네.**

반면에 스타라고 불리는 사람들과 사업으로 성공한 사람들은 그 일을 그만두는 것이 어려울 정도로 자기 일을 사랑하고 있지.

자신이 하는 일에 가슴 설레며 이번에는 무엇을 할 수 있을까 하고 생각한다네. 말하자면 해줄 수 있는 것만 생각한다고 할 수 있지. 그래서 그들은 더욱더 부자가 되는 것이네.

빙 크로스비와 프랭크 시내트라가 많은 청중 앞에서 노래를 부를 때, 한 곡 부르면 얼마나 벌까를 따져가며 노래했을까? 그들은 그 시간을 마음으로 즐기고 있었네. 시간이 끝나도 노래를 더 부르게 해달라고 했을 걸세. 어느 쪽이 더 많은 돈을 번다고 생각하나? 그리고 어느 쪽이 더 행복하다고 생각하나?"

"그건, 물론 스타나 좋아하는 일을 직업으로 삼고 있는 사람들 얘기겠지요."

오래전 스타의 이름이 튀어나와 순간 당황하면서도 나는 대답했다.

"그렇지. **돈벌이만 생각하는 사람들보다 일이 너무 좋아서 어쩔 도리가 없는 사람들이 더 성공한다네.** 간단한 이치야. 그래서 돈에 대한 것을 생각하지 말라고 한 것이네. 여기에 꽃을 너무 좋아하는 꽃집 주인과, 돈을 벌어야지 하고 생각하는 꽃집 주인이 있다고 해보세. 꽃집으로 돈을 벌려는 사람은 한 송이당 원가나 객단가나 경비 같은 것만 생각해.

반면에 꽃을 좋아하는 꽃집 주인은 자신이 너무나도 좋아하는 꽃으로 고객을 어떻게 즐겁게 해줄까를 생각하네. 덤으로 서비스를 드릴까, 이쁘게 포장해서 드릴까 하는 식으로 고객을 기쁘게 해줄 서비스를 끊임없이 고민하지. 고객에게 얼마나 많이 줄 수 있는가를 생각해. 꽃을 좋아하는 사람은 화장실에 가도, 목욕을 해도 꽃과 손님에 관한 일로 머릿속이 가득 차 있네.

한편 이익만을 생각하는 꽃집 주인은 그 반대로 행동하네. 꽃 한 송이를 서비스하다니 당치도 않아. 포장은 유료로 해서 이익을 내야지. 좀 더 많은 손님에게 꽃을 사게 하자며 손님한테서 빼앗을 궁리만 한다네. 자네는 어느 쪽 꽃집에서 꽃을 사고 싶은가?"

"그야 당연히 손님을 기쁘게 해주려는 꽃집이지요."

"그렇다네! 사람은 자신이 좋아하는 일을 하는 사람을 응원하고 싶어지는 법이지. 손님은 꽃을 사랑하는 꽃집에서 꽃을 사면 행복한 기분이 들어. 자네가 가게에 얼굴을 내밀면 그 꽃집 주인은 세상에서 가장 행복한 사람처럼 기쁜 얼굴로 맞이해주지. 그 즐거워하는 얼굴을 보기 위해서 꽃을 사러 오는 사람도 있을 거야. 그래서 행복해지고 성공하고 싶다면 좋아하는 일을 하면서 자기답게 인생을 살겠다고 결심해야 하네."

"예, 알겠습니다."

게라 씨에게 "그렇다네!"라는 소리를 듣거나 칭찬을 받을 때면 무척 기뻤다. 나는 그에게 칭찬받는 것이 즐거워 열심히 질문했다.

무엇이 행복과 풍요로움을 결정하는가

"알겠나. 이 사실을 잘 기억해두게. 모든 것은 자신이 취한 태도로 결정된다네. 태도에 따라 인생은 완전히 달라진다네. 태도가 잘못되지 않았다면 재능은 자연스럽게 계발되는 법이지. 그리고 꼭 자네가 알아두었으면 하는 점은 선진국에서는 누구도 그것을 다른 사람에게 강제하지 않고 스스로 자유롭게 결정한다는 사실이네. 즉 부자냐 가난뱅이냐는 스스로 선택할 수 있다는 뜻이지."

"태도라고요?"

"세상에는 두 종류의 사람밖에 없네. 자유로운 사람과 자유롭지 않은 사람이지. 자유인은 경제적·사회적·정신적으로 독립하여 누군가의 원조도 지시도 받지 않아. 자신이 생각한 대로 살아가지.

비자유인은 경제적·사회적·정신적으로 누군가에게 의존하네. 그래서 자신이 누구인지, 무엇을 하고 싶어 하는지 알지 못해. 아니, 생각조차 하지 않는다고 하는 편이 정확하겠군. 자신의 인생 문제를 부모, 형제자매, 배우자, 정부, 사회가 어떻게든 해결해주겠지 하고 생각한다네.

자유인은 매일 자유와 기회, 풍요로움, 즐거움, 타인에게 줄 기쁨, 감사로 가득한 생활을 한다네. 비자유인은 답답함과 허탈

함, 빈곤, 결핍, 경쟁, 질투, 짜증, 불만, 분노 등을 느끼며 생활한다네. 어느 쪽이 좋을까?"

"그야 물론 뻔하지 않습니까?"

"그러면 자네는 자유인의 책임을 감내할 수 있겠나? 자유인이 지급해야 하는 대가도 있다네. 그것은 세간의 오해와 비판, 마음속에 있는 죄책감 등이라네. 그런데도 부자가 되고 싶은가? 사람에 따라서는 평범한 인생을 사는 것이 훨씬 행복하다고 할 수도 있으니까."

"뭔가 심오하군요. 구체적인 이미지가 떠오르진 않는데, 그들은 직업으로 말하자면 어떤 일을 하고 있습니까?"

"한마디로 말하면, 비자유인은 일상적으로 일을 해야만 생활할 수 있는 사람이네. 반면에 자유인은 매일 어떤 일을 하지 않아도 풍요로운 생활을 할 수 있는 사람이지. 전 세계 어디에든 문제없이 갈 수 있다네. 경제적으로도 정신적으로도 자유롭기 때문에 나는 그들을 자유인이라고 부른다네."

게라 씨는 종이 냅킨 위에 표 같은 것을 그려 구체적으로 하나하나 설명해주었다.

비자유인	자유인
회사원, 공무원	인기 있는 레스토랑이나 상점 주인
대기업의 고용 사장과 임원	인세가 들어오는 작가, 화가, 예술가
자영업자	특허 라이선스 등을 가진 사람
중소기업 경영자	네트워크 마케팅에서 성공한 사람
자유업 (의사, 변호사, 공인회계사 등)	주택과 토지에서 임대수입을 얻는 사람
보통의 스포츠 선수나 예술가	유명 스포츠 선수나 예술가
무직자	주식, 채권, 저축의 배당이나 이자를 받는 사람

"회사원과 공무원은 설명할 필요가 없을 것 같군. 그들은 자신의 노동력을 제공한 만큼 급여를 받으니까. 우수한 사람들은 회사나 관공서에서 인정받는 능력을 익히겠다고 애를 쓴다네. 그들 가운데 게으른 사람은 꾀를 잘 부려서 그것을 들키지 않는 데 전력을 다하지. 영수증을 가짜로 꾸민다거나 근무시간인데도 게으름을 피운다거나. 어느 쪽이든 급여는 그다지 다르지 않네. 그것은 급여 계산 방식이 사회주의에 기초하고 있기 때문이야. 아무리 개인이 돈을 벌어다 줘도 조직의 구성원 안에서 가능한 한 균등하게 분배하는 것을 전제로 움직이기 때문이네. 아무

리 노력해도 능력으로 평가받는 일은 없다네.

예를 들어 도로공사를 100억 원에 싸게 발주했다고 해서 1억 원의 성과급을 받는 공무원이 있을까? 나는 우수한 공무원에게는 그 정도 성과급을 지급할 가치가 충분하다고 생각하지만, 사회는 그것을 허용하지 않네. 100억 원대의 공사를 발주하면서 1억 원을 뇌물로 받았다는 얘기는 많이 들어봤지만 말일세. 어쨌든 부자가 되고 싶다면 회사원이나 공무원이 되어선 힘들지."

"과연 그렇군요. 아무리 노력해도 보상을 받지 못하는 직업은 안 된다는 뜻이네요."

"그렇다네. 하지만 **대다수 사람은 지금 있는 곳에서 열심히 노력하면 길이 열린다고 생각한다네. 그래서 엉뚱한 전투에서 힘을 빼곤 하네.** 사실은 그런 곳을 빨리 벗어나야 하는데, 오히려 퇴근 후에 컴퓨터를 배우거나 어학을 배우며 기술을 쌓으려고 하지.

그것 자체는 나쁘지 않은 사고방식이지만, 부자가 된다거나 행복해지려면 노력하는 분야가 전혀 달라야 한다는 말일세. 그래 봤자 그들이 얻을 수 있는 것은 회사에서 좋은 평가를 받는 것뿐이야. 이직해도 마찬가지일세. 기술을 갖추면 이직해도 괜찮을 거로 생각하지만 결국은 다른 사람을 위해 일하는 것은 마찬가지지.

자네가 부자가 되고 싶다면, 회사원으로 지내는 기간은 가능한 한 짧은 편이 좋네. 자신이 배우고 싶은 업무 능력을 배운다는 기분으로 다니는 것이 좋겠지. 그 정도 가벼운 마음으로 다니지 않으면 자네는 현대 기업 사회의 희생자가 되고 말걸세. 그들은 회사 밖은 지옥이라며 회사를 나가서 실패한 사람들의 이야기를 자주 들먹이며 자네에게 다른 생각을 품지 않는 것이 좋다고 속삭이는 것이지.

회사에 오래 있으면 자신도 모르는 사이에 인생을 꿋꿋하게 살아갈 힘을 잃고 마네. 그러니까 일시적으로 회사에 속하는 일은 있어도 영혼까지 맡기지는 말게. 특히 일본 회사는 목숨을 바쳐 일하라는 것 같으니 조심하게. 내가 보기에 자네가 그 정도로 일할 사람으로는 보이지 않네만. 하하하."

"예, 그렇습니다. 그렇지만 사장이 되면 부자가 될 수 있을 것 같은데요?"

"회사에 고용된 사장과 임원도 마찬가지로 비자유인이지. 그들의 급여는 많을지 모르지만, 주주나 감사 등 다양한 사람한테서 감시를 받고 심한 중압감을 느끼며 일하고 있다네. 미국 회사의 CEO(최고경영책임자)는 유럽과 일본 회사보다 고액 연봉을 받기 때문에 괜찮아 보이지만, 시간의 자유가 없다는 점에서 비자유인이라 할 수 있지."

"일본의 상장기업 사장은 물론 미국의 사장이라면 이미 부자가 된 것 아닙니까?"

"보수를 모두 저축하고 그것을 잘 운용해서 생활한다면 자유인이 될 수 있을 것이네. 현재 직업은 회사 사장이라 해도, 본질에서는 투자자로서 생활한다는 말이네."

월급쟁이로 살아남을 것인가

"자기 사업을 하는 자영업은 시간의 구속을 당하지 않아 자유로운 느낌이 듭니다. 저는 일본으로 돌아간다면 회사에 들어가 일하는 것이 아니라 독립해서 자영업을 하고자 합니다. 아주 이상적인 삶의 방식이라고 생각하는데, 그들도 역시 비자유인입니까?"라고 내가 물었다.

"자네는 일한 경험이 거의 없으니 그렇게 생각할 수도 있지. 이 비자유인 중에서도 실은 자영업자가 가장 자유로부터 거리가 먼 사람들이네. 내가 가장 하고 싶지 않은 것도 자영업일세."

"어째서입니까? 출퇴근 시간도 없고, 스스로 일과 시간을 결정할 수도 있을 것 같고, 누구의 관리도 받지 않는데요? 더구나 하면 할수록 돈이 된다고 하니까 저는 최고라고 생각하는데요."

"자네도 자영업의 함정에 빠질 우려가 있군!" 하고 싱긍벌글 웃으며 게라 씨는 이어 말했다.

"회사에 다니는 사람은 대개 그렇게 생각하고 자기 사업을 시작하지. 그렇지만 수개월 후에 그런 생각이 당치도 않다는 것을 알게 되지. 독립해서 사업을 하면 확실히 같은 일을 하고 수입은 몇 배 더 올릴 수 있네. 물론 사업이 잘될 때의 이야기지만 말이네.

그러나 현실은 냉혹한 법이야. 일을 수주하는 데 어려움이 닥치면 뭔가 잘못되었다는 생각이 든다네. 그리고 지금까지 회사원으로 일할 때 별다른 어려움이 없었던 것은 회사의 신용과 그것을 뒷받침하는 사람들 덕분이었다는 것을 이해하게 되네. 대기업에 다닐 때는 영업만 하면 되니까 수주도 순조롭게 할 수 있었다네. 그런데 자신이 받는 급여는 자기가 판 금액의 몇 분의 일밖에 되지 않으니 불만을 느끼게 된다네.

자영업을 하면 경리, 광고, 총무, 전화 받기 등 모든 잡무를 해야만 해. 일을 더 많이 수주하려 해도 혼자서는 한계가 있어서 수주량마저 제한되고 만다네. 그래서 대기업에 다닐 때가 더 좋았다고 느낄 정도가 된다네.

또 자신이 올린 매출 대부분이 왜 그런 간접 부문에 쓰여야 했는지도 이해하게 되네. 자기 사업을 하는 사람들 대개는 신규 고객을 찾거나 고객의 불만 사항을 처리하느라 많은 시간을 쓴다네. 그런 일을 끝내놓고 수주한 일을 하려니 자연히 하루 24시간을 갖고도 시간이 모자라지. 실제 노동시간은 더 늘어났지만 일한 대가로 받는 보수는 고객에게 서비스하거나 물건을 판매한 몫뿐이야. 휴일에도 일에 대한 생각으로 머릿속이 가득 차서 제대로 쉬지도 못한다네.

자영업을 하는 사람이 쉴 수 있는 때는 오직 죽은 뒤라네. 나도 오랫동안 자영업을 해왔지만 자기 사업을 하는 것만큼 힘든 일이 없지."

"하지만 활기차게 일하는 사람도 있잖아요?"

"물론. 자신의 본분을 아는 사람이라고 할 수 있지. 독립해서 성공하려는 야심이 있는 사람이라면 일을 작게 벌리고 싶다 하는 생각은 하지 않아. 독립에 성공해서 중소기업의 사장이 돼도 언제 돌발상황이 발생할지 알 수 없는 만큼 긴장을 늦추지 않아야 하기 때문이네. 여기저기 함정이 매우 많다네.

일을 좋아해서 척척 해낼 수 있는 사람들이 애초에 자영업을 목표로 하네. 그들은 대부분 확대 지향적이지. 힘든 창업 시기에 밤잠을 설쳐가며 쉬지 않고 어려움을 극복해 규모를 확대해간다네. 종업원이 한 사람에서 두 사람으로 늘어나지. 종업원 수가 증가하고 매출이 늘어나는 것은 그들에게 달아줄 훈장이 늘어가는 것과 같다네.

동시에 사장의 일도 폭발적으로 늘어난다네. 조직이 완성될 때까지는 결국 사장이 모든 것을 해야 하기 때문이네. 이 단계의 회사에는 능력 있는 직원이 들어오지도 않는다네. 매출 또한 사장 혼자서 90퍼센트를 달성해 종업원의 급여를 지급하는 것이 현실이지. 회사의 매출은 비약적으로 늘고 있는데도, 자신의 급여는 거의 늘지 않아. 그러기는커녕 새로운 사원 때문에 일은 늘고 정작 자기 월급은 가져가지 못하기도 하네.

이 시기라면 아직 방향 전환이 가능하다네. 종업원이 10명 정도라면 사장 개인의 돈으로 어떻게든 꾸려나갈 수 있지. 하지만 십수 명이 되면 개인 자산으로는 아무래도 감당하기 어렵네. 그쯤 되면 빌린 돈도 늘어나서 쉽게 사업을 접을 수도 없는 상황에 몰리네. 준비 없이 한 번에 규모를 확대하면 회사에 자신의 인생이 먹혀버리고 마는 걸세. 나 역시 이런 상황에 닥치자 뭔가 이상하다는 생각이 들었다네. 그래서 시스템을 만들어 가능한 한 종업원이 필요하지 않은 사업을 구축했다네."

"비즈니스 시스템 말입니까?"

"그렇네, **비즈니스 시스템을 만들 수 있는가가 성공의 열쇠지.** 동시에 이 열쇠는 자유인의 세계로 가는 문이기도 하지. 젊어서 성공하고 싶다면 이 열쇠가 어디에 있는가에 모든 의식을 집중해보게나."

"잘 알겠습니다. 시스템을 어떻게 만드는가가 핵심이군요. 그런데 사장이 되면 어째서 회사를 크게 키우려고 할까요?"

"정말 좋은 질문이네. 훌륭해. 그것은 내면의 문제 때문이야. 중소기업 경영자의 함정이라고 불러도 좋을 것 같네. 애초 회사를 창업할 때의 마음가짐이 흐트러져서 그런 것이네. 그들은 자신의 회사를 크게 확대하여 자기 내면의 채워지지 않는 부분을 충족시키려고 해. 공허함을 메우려고 한다는 편이 더 적절한 표현 같군.

겉으로는 성공한 사람으로 보이지만, 내면은 피폐해지기도 하네. 가족과 종업원에게 제대로 대접도 받지 못하고 오로지 회사를 크게 키우는 것만이 즐거움인 인간이 되고 마는 것이지. 24시간 동안 사업만 생각하게 되지. 아이와 아내, 친한 친구들과 즐겁게 지내는 것보다 사업을 우선시한다네. 그러다 보니 친한 친구도 없고 서로 믿고 고민을 털어놓을 상대도 없다네.

그렇지만 사업을 함께하면서 마찬가지로 영혼을 잃은 동료들이 많아서 쓸쓸하지는 않아. 모두 사업에 영혼까지 먹혀버린 사람들이지. 자네는 성공하고도 비참하고 고독해지지 않도록 주의하게."

"두렵습니다. 그런 사람들은 결국 어떻게 되는 겁니까?"

"자신의 한계를 모르고 계속 확대하다 보면 머지않아 파탄에 이를 수밖에 없네. 본인이 자신 있는 일을 선택한 사람들이 대개 이런 덫에 빠지고 말아. 반면 자기가 좋아하는 일을 해온 사람은 이런 함정에 빠지지 않네. 회사를 크게 만들기보다 적정 규모로 하는 것이 정말로 자기답고 좋아하는 일에 몰두할 수 있다는 사실을 잘 알기 때문이네. 규모의 확대보다 자신이 하고 싶은 일을 우선시하기 때문에 결과적으로 파탄하지 않고 어떤 상황에서도 자신을 지킬 수 있다네."

"파탄을 피할 방법이 있습니까?"

"물론이지. 자신을 직시하고 현재 상황에 만족하는 것이네. 그것은 가족과 친구의 지원 없이는 이루기 힘든 일이네. 회사의 성장보다 인생의 의미를 생각해야만 실패하지 않네. 진정으로 만족하는 사람은 회사를 무리하게 확장하는 데 몰두하지 않기 때문이야."

의사, 변호사는 수입이 많은 비자유인

의사나 변호사 등은 성공한 사람이라는 이미지가 강해서 나는 "그들도 자유인이 아닙니까?"라고 물어봤다.

"그들은 머리가 좋아서 수입이 많은 비자유인이지. 스스로는 성공한 사람이라고 착각하는 무리도 있지만 말일세. 내가 보기엔 그들도 가난한 사람과 비슷하네."

"그렇지만 수입은 많지 않습니까?"

"수입이 많은 것과 자유인인가 아닌가는 관계가 없네. 수입이 많은 인간은 지출도 많은 법이지. 다음 달도 내년에도 돈이 들어 온다고 방심하기 때문에 좀처럼 자산을 쌓으려고 하지 않지. 자유인이란 일을 하지 않아도 생활할 수 있는 사람이라네.

비자유인은 이달에 일하지 않으면 당분간 생활이 곤란해지는 사람들이지. 의사와 변호사의 벌이는 평균보다 월등히 많은 건 틀림없네. 하지만 그들의 생활을 한번 보게. 그들 대부분은 좋은 집과 차를 가지고 있을 걸세. 그중에는 요트나 별장을 가진 사람도 많지. 그것이 성공의 증거라고 생각하고, 절세 대책이라며 거액의 융자를 받아서 사치품을 산다네. 그러나 그들이 환자를 진료하지 않거나 법정에 서지 않는다고 생각해보게. 수입은 제로 이네.

이런 사람들을 자유인이라고 할 수 있을까? 그들 중에는 몸이 아파 일을 반년만 쉬더라도 파산 신청 절차를 밟아야만 하는 사람도 있을 정도라네"

"어째서 그렇게 되는 겁니까?"

"그것은 그들이 돈을 잘 모르기 때문이야. 변호사나 의사가 되는 사람들은 어릴 때부터 학교 공부를 잘했고 부모가 하는 말에 순종했던 사람이 많지. 어릴 적부터 잘하는 것만 해온 사람들이지. 성인이 되어 돈과 사회적 지위를 손에 넣어. 이만큼 노력했으니까 돈을 써도 괜찮을 거로 생각하고, 지출을 쉽게 생각한다네. 두뇌가 우수한 것과 돈을 잘 아는 것은 전혀 관계가 없다네."

"돈에 대한 지식이 없어서 계속 일해야만 하다니 이 또한 괴롭겠네요."

"그렇지. 사실은 더 행복한 기분을 느껴도 좋을 텐데, 전혀 행복한 느낌이 들지 않아. 그것도 다 이유가 있지. 자신이 좋아하는 일은 전혀 하지 않기 때문이야. 가끔은 자신이 정말로 무엇을 좋아하는지 생각해보지만 꿈처럼 어렴풋하게 끝나네.

현실에서 좋아하는 것을 찾거나 인생을 바꿀 용기가 없는 탓이지. 그런 행동을 한다면 지금 손에 쥔 것들을 버려야 한다고 생각하기 때문이라네. 이런 사실을 깨달을 때쯤에는 사치스러운 생활에 익숙해져 아무것도 놓아버릴 수가 없네. 인간은 한번 올라간 생활 수준을 떨어뜨리기는 어려운 법이지. 고급 명품을 사는 데 익숙한 아내에게 뭐라고 해야 이해할 수 있을까?

'내가 좋아하는 그림만 그리며 살고 싶소. 이제 일은 그만두겠소'라고 말해도 '바보 같은 소리 하지 말고 얼른 사무실에 나가요!' 하는 말을 들을 뿐이지.

자신에게 거짓말을 하면서 매일 업무에 쫓기네. 그사이에 영혼은 서서히 잠식당해가는 거야. 의사나 변호사 같은 잘나가는 직업을 가진 사람이 어느 날 알코올 중독에 빠지거나 자살하는 것도 이런 이유 때문이라고 나는 생각하네."

"왜 의사나 변호사처럼 엘리트 중에 그런 사람이 많을까요?"

"그것은 교육 시스템의 폐해라고 생각하네. 공부를 잘하는 것이 곧 훌륭한 사람이라는 생각이 만연하지. 공부를 잘하고 좋은 커리어를 갖는 것이 성공이자 행복이라는 환상이 있기 때문이네. 의사나 변호사 가운데서도 행복하고 멋진 사람들이 많네. 내 친구를 봐도 그 일을 천직으로 알고 즐겁게 하는 사람이 있지. 하지만 그들 대부분은 검소한 생활을 한다네. 자신이 하는 일을 깊이 사랑해서 자신을 애써 꾸미거나 사치품으로 주변을 채우려 하지 않지. 결과적으로 남보다 빨리 자산을 쌓고 일찍 은퇴해도 좋은 상태가 된다네. 그러면 원래부터 아주 좋아했던 일을 순수하게 즐기며 살 수 있지."

대부분 스포츠 선수나 예능인도 비자유인

"일을 하지 않으면 안 된다는 점에서는 스포츠 선수나 뮤지션 대부분도 비자유인이지. 작년에 아무리 많이 벌었다고 해도, 올해 타석에 서서 안타를 치지 않으면 보수를 받을 수 없네. 타석에 10번 서서 안타를 3회 쳤던 사람이 이제 한 번이라도 실수하면, 내년의 수입은 없다고 치는 게 좋아. 뮤지션도 무대에서 노래를 불러야만 돈이 생기네. 히트곡이 나오지 않으면 노래를 불러도 돈이 되지 않지. 그 점에서 중압감은 보통 자영업자보다 심할지도 모른다네. 인기를 유지하고 결과를 계속 내야만 하기 때문에."

"과연 그렇네요. 하지만 크게 히트를 해서 음반이 계속 팔린
다면 그들도 자유인이 되는 것 아닙니까?"

"물론이네. 좋은 점을 깨달았군. **자기가 일하지 않아도 돈이 들
어오게 된다면 자유인이 될 수 있지.** 스포츠 선수의 대부분이 현
역 시절에 그 사실을 깨닫고 은퇴 후를 대비하여 레스토랑 등을
경영하는 것도 그 때문이지. 그러나 대개는 잘 풀리지 않아 실패
하고 만다네."

"그들이 자유인의 의미를 모르기 때문입니까?"

"바로 그거네. **자유인과 비자유인은 인생 법칙이 다르네.** 그것
을 이해하지 않으면 자유인으로 절대 성공할 수가 없네."

경제 가치와 즐거움을 제공한 사람이 풍요로워진다

"그러면 자유인은 어떨까. 사업체의 소유주는 자신이 일하지 않
아도 직원이 일을 해주지. 가게를 가지고 있다면 우수한 매니저
가 가게를 꾸려나가고 종업원 교육 등을 해주고. 자네가 전 세계
어디에 있든 회사는 그런 사람들이 견실하게 경영을 해주고 있
다네. 자네는 모두가 즐겁고 행복하게 일할 수 있는 시스템을 만

들기만 하면 되네. 거기에 우수한 매니저가 있으면 자네 없이도 괜찮아. 물론 매니저에게 상당한 보수를 지급해야겠지만, 그럴 가치는 충분하다네. 자네의 은행 계좌엔 돈이 자동으로 들어오지. 성공한 화가나 작가, 뮤지션도 자신의 작품이 팔릴 때마다 인세가 들어와.

그들이 감기에 걸려 잠을 자든 하와이에서 여유를 즐기든 지중해에 띄운 요트에서 휴가를 즐기든 은행 잔고는 확실하게 늘어가지. 성공한 스포츠 선수는 라이선스나 광고 계약으로 그렇게 될 수 있다네. 그들의 이름이 들어간 농구화가 팔릴 때마다 일정 금액이 그들의 계좌로 들어오는 것처럼 말일세."

"일하지 않고 부자가 된다니 뭔가 뻔뻔하지 않습니까?"

"오늘날 세상은 경제 가치나 즐거움을 준 사람이 풍요로워지게 되어 있네."

"그런가요, 다른 사람을 즐겁게 한 대가로 돈을 받는다고 생각하면 되는 거네요."

"그렇지. 네트워크 마케팅도 마찬가지야. 일단 비즈니스를 시작해서 유통을 할 수 있다면 자유인이 될 수 있지."

"네트워크 마케팅은 무엇입니까?"

"미국에서도 여전히 오해가 많은 비즈니스 스타일이긴 한데, 개인이 상품의 판매망을 넓혀서 유통된 그 금액에 맞게 수입이 늘어나는 시스템이네."

그림을 그리며 설명해주었다.

"그것은 다단계 판매 방식이 아닌가요?"

"다단계 판매 방식은 먼저 들어온 사람이 모든 돈을 가져가. 네트워크 마케팅은 그 사람이 시작한 유통의 금액에 따라 수입이 정해지지. 먼저 들어왔다고 해서 반드시 수입을 더 많이 가져가는 것은 아니네. 이런 유형의 사업은 앞으로 더욱 늘어날 것이네. 시대의 흐름이 개인 지향으로 가고 있기 때문이지. 장래에 분명 확산할 거로 생각하네. 인간관계를 중요하게 여기기 때문이지."

"그럴지도 모르겠습니다."

"부동산이나 주식을 가진 사람이 자유인이라는 건 두말할 필요가 없겠지. 그들이 어디에 있든 배당이나 이자의 형태로 돈이 들어오네. 그들 중에는 세금 내기를 싫어해서 국적을 바꾸는 사람도 있네. 그들 정도쯤 되면 세금을 내지 않고 살 방법도 수없이 알고 있지. 절세 전문가를 고용해 최대한으로 절세를 시도하는 거야. 억만장자인데도 내는 세금은 미미한 액수이기도 하네.

부자가 많은 사람에게서 빼앗아 가고 있다는 말은 공장을 경영하던 시절의 편견이라네. 부자는 많은 사람에게 즐거움을 주기 때문에 부자가 된 것이네. 앞으로 정보화 시대가 더욱 발달하면 그 경향은 점점 더 강해질 것이네."

결심하면 인생을 바꿀 수 있다

"이 점을 꼭 알아두게. 각 직업에는 서로 다른 성공 법칙이 있다는 사실이네. 어떤 직업에는 도움이 되는 것이 다른 직업에는 전혀 도움이 되지 않는 것도 있네. 하지만 그런 모든 법칙을 배울 시간이 인생에는 없네.

그러니까 가능한 한 빨리 자신이 살아갈 삶의 방식(적어도 자유인인가 비자유인인가)을 결정해야 하네. 나이를 먹을수록 법칙을 새로 배우기가 어렵기 때문이라네. 성공한 대기업의 종업원이 창업했다가 실패하는 것도 그래서라네. 그들이 배운 '대기업의 성공 법칙'은 벤처 사업에서는 도움 되지 않는 것이 많거든.

예를 들면, 뛰어난 은행원이 되기 위해서는 여러 연수를 통해 실무를 배워야 하네. 돈의 흐름, 전표 기입하는 법, 지점 간의 계산 등, 다양한 업무 지식을 알아야만 한 사람 몫을 해낼 수 있지. 하지만 그 은행원이 광고회사로 이직하면 그때까지 10년에 걸쳐 얻은 은행 업무 지식 대부분이 무용지물이 된다는 사실에 깜짝 놀랄 걸세."

"과연, 그렇군요. 말씀하신 세상의 메커니즘을 이제 알 것 같습니다."

"또 하나 자네가 알아야 할 점은 부자가 되면 많은 사람을 도울 수 있다는 사실이네. 돈과 인연이 없는 사람에게는 그런 힘이 없지. 부자는 돈과 지혜로 많은 사람을 도울 수가 있다네. 자네는 부조리한 사회 시스템을 한탄하기보다 부자가 되어 많은 사람을 도울 수 있다는 걸세."

자유인과 비자유인의 차이

"자유인과 비자유인의 인생은 어떤 차이가 있습니까?"라고 내가 물었다.

"완전히 다르다네. 자유인은 아침에 눈을 뜨면 상쾌한 기분으로 이렇게 생각하지. '아아, 근사한 하루군! 오늘은 어떤 즐거운 일을 해볼까?' 한편, 비자유인은 아침에 눈을 뜨면 이렇게 중얼거리지. '아아, 오늘도 회사에 가야 하나, 5분만 더 자자.'"

"흑, 저는 5분만 더 자고 싶어 하는 유형이네요."

"자유인의 인생에는 '해야만 하는 것'이 아주 적네. 아침에 일어나서 밤에 잠들 때까지 전부 그 사람의 자유 시간이야. 자기 사무실로 출퇴근할 필요도 없고, 누군가에게 신경 쓸 필요도 없네. 자기가 하고 싶은 일을 찾아서 만족할 때까지 즐기면 그만이지. 가사나 운전, 요리 등도 내키면 하고, 귀찮으면 해줄 사람이 있어. 골프도 여행도 내킬 때 하면 되네.

한편, 비자유인의 인생에는 '해야만 하는 것'투성이라네. 아침에 일어나 서둘러서 아침을 먹고 허겁지겁 출근하네. 사무실에 도착하면 자신이 누구인가 같은 건 생각할 여유 없이 일을 얼마나 해내야 하는지만 머리속에 가득하지. 가끔 멍하니 즐거웠던 지난 주말과 이번 주말에 대해서 생각하는 정도지. 자유롭게 쓸 수 있는 시간은 거의 없지. 퇴근해 집에 돌아와도 해야 할 일은 산더미처럼 쌓여 있으니까. 아이들을 돌보고 설거지, 청소 등 온갖 집안일을 해야만 해. 인생에서 좋아하는 일을 찾아볼 여유가 어디 있겠나?

실제로 이전에 나에게 상담하러 온 사람 중에 재미있는 녀석이 있었다네. 자네에게 이미 말했듯이 '행복하거나 부자가 되려면 시간을 들여 자신을 응시해야 한다'라고 그에게 말해줬지. 그러자 그가 뭐라는 줄 아는가? '그런 일을 생각할 시간이 없습니다!'라며 비명에 가까운 소리를 질렀네. 그것이 바로 문제인 거야.

비자유인은 자기 스스로 자유롭게 하지 못한다네. 밤이나 주말 시간조차 평일 업무로 쌓인 스트레스를 푸는 데 써버리네. 그 귀중한 시간을 자유로운 인간이 될 계획을 세우는 것 같은 일에 쓰지 않네. 인생을 다시 바라보고 바꿔보려는 쪽으로는 머리가 돌아가지 않아. 조금 의욕이 있는 사람이라고 해도 기껏 회계나 컴퓨터를 배우는 데 쓴다네. 하지만 그들도 자신의 노력이 더욱 우수한 비자유인이 되기 위한 훈련에 불과할 뿐이라는 것을 알

행복하게 성공하고 싶다면

자신이 지키고 싶은 인생을 사는 데 집중하고,

돈과 성공은 잊어버려야 한다.

지 못한다네."

"왠지 그 말을 들으니 안타깝습니다."

"나도 그렇게 생각하네. 그러나 사실은 그들이 원하는 것이라네. 자신을 바꾸는 귀찮은 일을 하기보다는 일상에 떠밀려 바쁘게 사는 것을 더 좋아하는 거지. 그런 증거로 그곳에서 빠져나오고 싶다고 진지하게 생각한 사람들은 자신을 똑바로 보고 재발견하여 인생을 바꾸고 있어. 나는 그 같은 많은 사람을 도왔기 때문에 잘 아네. **누구든 진지하게 인생을 바꾸려고 결심하기 전까지는 아무것도 바뀌지 않는다네.**"

"……."

"어쨌든 비자유인은 해야만 하는 일로 일정이 꽉 차 있네. '일할 기분이 아니어서 내일부터 2주간 휴가를 다녀와야겠어' 같은 일은 절대 허용되지 않지. 반면 자유인은 자기 좋을 대로 일정을 짠다네. 그야말로 내 인생의 육하원칙을 자기가 정하는 거라네. 바쁜 것을 좋아하면 바쁘게 지내면 되고, 느긋한 것을 좋아하면 아무것도 하지 않아도 그만이지. 그들 가운데 다이어리도 없이 다니는 사람도 있다네. 그 대신에 뭘 가지고 있을 것 같은가?"

"글쎄요. 무엇일까요. 스케치북 같은 것일까요?"

"비슷하네! 그들은 다이어리 대신에 아이디어 수첩을 가지고 다니네. 문득 머리에 떠오른 아이디어를 적어두는 노트야.

비자유인은 능률을 올리면 성공할 수 있다고 생각해 늘 다이어리를 가지고 다닌다네. 그리고 매주 비슷한 일정을 소화하기 위해 허우적거리지. 반면에 자유인은 창의적 아이디어가 성공을 약속하는 것을 알기에 아이디어 수첩을 가지고 다니지. 자유인의 인생은 흥미진진하다네. 생각지도 못한 전개에 계속 드라마틱한 일이 일어나지. 새로운 기회와 프로젝트를 진정으로 즐길 시간과 돈을 가지고 있네. 자기가 흥미를 느끼는 대로 즐거운 인생의 이벤트를 펼쳐나가지."

"여기까지 듣고 나니 자유인의 인생이 훨씬 더 좋겠다는 느낌이 듭니다만, 어떻게 자유인이 될 수 있습니까?"

"훌륭하네. 자네가 좋은 질문을 해주었군. 대개의 사람은 질문하기 전에 '어차피 나는 하지 못해'라고 생각하고 스스로 자신을 문전박대해버린다네. 질문하는 일 자체에 공포를 느끼기 때문에, 듣는 것조차 그만두기 일쑤네. '어떻게 하면 자유인이 될 수 있는가?'는 최고의 질문이네. 실로 훌륭하군. 앞으로도 그 같은 중요한 질문을 할 용기를 가지길 바라네."

"그렇습니까?"

칭찬을 들으니 기분이 좋아졌다. 더구나 게라 씨처럼 훌륭한 사람이 솜씨 좋게 나를 치켜세우니 더 기뻤다.

SECRET

2

좋아하는 일로
돈을 번다

The millonaire's
Philosophy for
happy life

"제2의 비결은 '자신을 알라'는 것이네. 많은 젊은이가 자신이 누군지도 모른 채 무엇인가가 되려고 해서 혼란스러운 인생을 산다네. 사실은 디자인에 재능이 있는데도 머리가 좋다는 이유로 법대에 간다거나 하지. 그 결과 점점 인생이 지루해지고 영혼을 뺏긴 듯한 사람이 되고 마는 것이네.

자신을 알고 좋아하는 것을 추구하면 그런 일은 없을 텐데 말일세. **꿈을 좇지 않고 안정된 인생을 선택한 사람은 말하자면 '지루한 인생을 살아가는 종신형'을 스스로 내린 것과 같다네.** 자신을 아는 일, 즉 처음에는 조금 멀리 돌아가는 것처럼 보이는 작업을 게을리한 대가는 생각보다 큰 법이지. 왜냐하면 자기가 누구인가를 모르면 아무리 사회적으로 성공해도 행복하지 않기 때문이네."

"말씀하신 내용은 잘 알겠습니다. 확실히 일본에서는 그렇기 때문이죠. 일을 찾을 때, 좋은 직업은 대학을 졸업해서 바로 구하

지 않으면 얻을 수 없어요. 그래서 친구들은 자신의 적성을 생각
하지도 않고 어느 곳이 인생에 유리한가로 일을 선택한다는 느
낌이 듭니다. 하지만 그 결과가 지루한 인생의 종신형이라니, 왠
지 두렵습니다."

"정말 그렇네. 하지만 그것이 인생의 현실이야. 눈을 돌려 외
면하면 안 되네."

"행복하게 성공하려면 어떻게 해야 합니까?"

행복하게 성공하기 위한 첫 번째 조건

"행복하게 성공하고 싶다면, 자기가 가장 좋아하는 일을 하게나."

"그렇게 간단한 일인가요? 좋아하는 일을 해도 돈이 되지 않
는다는 생각도 듭니다만……."

"그것은 지루한 인생을 보내는 사람들의 생각이라네. 마음으
로부터 진짜 좋아하는 일을 열중해서 하면, 대개는 성공한다네.
**행복한 부자가 되는 비결은 자기가 정말 좋아하는 것을 직업으
로 삼는 것이네.** 몸과 마음을 다해서 그 일을 할 수 있을 만큼 아
주 좋아하는 일 말일세. 자신이 정말 좋아하는 것을 하면 성공할
확률이 높아져. 자네가 양복을 사러 갈 때, 양복 만드는 일이 좋

아 죽겠다는 느낌으로 일하는 사람의 가게와 마지못해서 하는 사람의 가게 중 어느 곳을 고를 텐가?"

"그야 당연히 그 일을 좋아하는 사람의 가게지요."

"답은 명확하지. 사람은 열정적으로 살아가는 사람에게 매료되어 마음속으로 응원하고 싶어지는 법이네. 그렇기에 인생에서 성공하여 부자가 되기를 바란다면 우선 자신의 영혼을 불어넣을 뭔가를 찾아야 하네. 거기에 최대한 에너지를 쏟아야 하네. 유감스럽게도 많은 사람이 이런 작업을 하지 않지. 그리고 자기가 불행하고 가난한 것은 사회, 부모, 교육 시스템이 나빠서라고 쉽게 남 탓으로 돌린다네."

"저는 다른 사람을 탓할 생각은 전혀 없지만, 제가 좋아하는 분야가 뭔지 잘 보이지 않습니다. 그런 사람은 어떻게 좋아하는 일을 찾을 수 있을까요?" 나는 주뼛거리며 물었다.

그는 "하하하! 역시 엘리트다운 발언이군" 하며 크게 웃었다.

"아, 미안, 미안하네. 비웃을 생각은 없었네. 왠지 모르게 다들 똑같은 질문을 해서 말이네. 지금까지 자네와 같은 질문을 한 사람들은 용두사미龍頭蛇尾 같은 녀석들이었네. 그들은 잘하는 것만 해온 모양이었어. 부모와 사회가 바라는 것을 어릴 때부터 해왔기 때문에 자기가 뭘 좋아하는지도 모르고 인생을 살아온 것이겠지. 하지만 걱정하지 않아도 괜찮네. 시간을 들여서 인생을 재건한다면 '좋아하는 것'은 꼭 찾을 수 있을 테니까."

"인생을 재건한다고요?"

"그렇다네. 자네는 자기가 좋아하는 일을 하지 않고 지금까지 주위에서 원하는 일만 생각하며 살아왔을 테지. 학교 공부가 그중 가장 좋은 예겠지. 공부해서 어떻게 될 것인가 하는 것은 생각하지 않고 열심히 노력해서 좋은 성적을 받는 유형이었나? 나는 학교 대부분이 아무런 도움이 안 된다고 생각하네. 아무 의미도 없는 일을 해야 하는 고통을 참는 데는 좋은 훈련임이 틀림없네. 그것은 사회인이 되는 데 매우 큰 도움을 주지.

주변에서 바라는 일을 잘 해내는 인생을 살아왔다면, 자신이 누구인지 모르는 것이 당연하네. 좋아하는 일을 하며 살아간다는 것이 짐작도 가지 않을 걸세. 말하자면, 자신과 타인과의 경계선이 없는 것이지. 그것은 일종의 병이라네. 그래서 재건이 필요하다고 말한 것이네. 딱히 너무 심각하게 생각하지 않아도 괜찮네. 처방전이라고 해봐야 자기가 좋아하는 일을 매일 조금씩 하는 것이네. 어릴 적부터 자신이 좋아했던 일을 떠올려서 그것을 해보는 거지. 예상하지 못한 곳에서 자신의 인생에 대한 힌트를 발견할 것이네."

"그런 일이 가능할까요?"

"너무 어렵게 생각하지 않으면 되네. 자네는 뭔가 좋아하는 일이 떠오르나?"

"글쎄요. 이야기하는 것과 책 읽는 것, 글 쓰는 것이요. 정리하거나 분석하거나 프레젠테이션을 하는 것도 좋아합니다."

"자네가 성공할 수 있는 힌트는 거기에 있을 걸세."

당시는 게라 씨가 의도한 것을 전혀 알지 못했다.

잘하는 일보다 좋아하는 일을 선택하라

"일반적으로 사람들은 '잘하는 일'과 '아주 좋아하는 일'을 혼동한다네. 미국의 성공한 사람 대부분은 잘하는 것을 하는 '두근두근 병'에 걸려 있다네. 그것은 아드레날린이 솟구치는 듯한 두근거리는 느낌이 강한 것으로, 딱 보면 아주 좋아하는 일을 하는 것처럼 보이네. 그곳에 숨겨진 동기는 '거물로 보이고 싶다'라거나 '인생을 살아갈 생동감을 느끼고 싶다' 같은 것이지. 그런 사람이 하는 일은 '자기가 좋아하는 일'이 아니라 '자기가 잘하는 일'이라네.

자신이 특별한 존재가 되어 주변에서 인정받는 일을 하려고 한다면, 불행으로 가는 특급 티켓을 받은 것과 같다네. 사회적으로는 성공한 것처럼 보이는 사람이 갑자기 자살하는 것도 이 때문이라네. 그들은 어릴 적부터 주변을 돕는다거나 부모를 기쁘게 하려고 하기 싫은 일도 자신을 몰아세우며 해왔다네. 하지만 그렇게 사회적으로 인정을 받아도 전혀 자신이 기뻐할 수 없다는 것을 알아차리지. '이렇게 성공했으니 기뻐하고 감사해야 한다'라고 생각할수록 괴리감만 커져 괴로워진다네. 자신의 영혼이 하고 싶은 일과 거리가 먼 다른 일을 하니까 당연하겠지."

"두근두근 흥분하는 동안은 아직 진짜가 아니라는 뜻입니까?"

"자신이 좋아하는 일'은 좀 더 고요하고 차분한 것이네. 주변 사람들이 평가해주지 않더라도 그것을 하는 것만으로도 즐거워서 어쩔 줄 몰라 시간이 가는 줄도 모르는 그런 것이라네. 칭찬이 없어도 돈을 받지 못해도, 하는 것만으로 즐거워지는 일, 그것이 '좋아하는 일'일세."

"그렇군요. 그렇게까지는 생각해보지 못했습니다. 좋아하는 일이라니 애들 장난인가 하고 생각했습니다. 하지만 생각해보면 좋아하는 일을 하며 살아갈 수 있다면 최고이겠군요."

"나도 정말 그렇게 생각한다네. 하지만 유감스럽게도 많은 사람이 급여가 많거나 안정적이거나 복지가 좋다는 이유로 직업을 선택한다네. 그런 식으로 일을 선택하는 것이 실은 자기 인생을 비참하게 만든다는 사실을 모른다네. 싫은 일을 한다는 것은 자진하여 스스로 감옥에 들어가는 것과 같네. 그곳이 열쇠로 잠겨 있는가 아닌가 하는 차이밖에 없지. 그 감옥은 담장 안에 있지 않고 공간도 다소 넓겠지만 말일세.

자기가 싫어하는 일을 직업으로 삼는 순간 본질적으로 자신에게 징역형을 선고한 것과 같네. 월요일부터 금요일까지 인생의 대부분을 거기에 허비하기 때문이지. 어쩌면 죄수가 더 편할지도 모르겠군. 교도소는 노동시간이 적고 엄격한 할당량도 없지. 납기도 없으므로 밤중까지 야근할 필요도 없다네.

싫어하는 일을 직업으로 가진 사람은 기분 전환을 위해 쓸데없는 곳에 돈을 쓴다네. 급여를 위자료라고 착각하기 때문에 그런 식으로 허비하는 거라네. 대출을 받아 차와 집, 가구, 옷 같은 것을 아무 생각 없이 사네.

죄수는 급여가 없긴 하지만, 빚도 없고 돈도 쓸 수 없기 때문에 출소할 때 매우 적은 돈이지만 저축이 있을지도 모르네. 반면 싫어하는 일을 하는 사람은 자산이 얼마나 늘어났을까. 여차하면 죄수 쪽이 빚을 지지 않은 만큼 경제 상황이 나을지도 모르네. 최소한 마이너스는 아니지 않은가.

일본의 월급쟁이보다 미국의 죄수가 편안한 생활을 하고 있을지도 모르겠네. 만원 전철로 출퇴근하지 않아도 되고, 수면시간도 충분해. 게다가 점심도 느긋하게 먹을 수 있지. 야근도 없고. 잠자는 방이 자물쇠로 잠겨 있다는 점만 신경 쓰지 않는다면 제법 괜찮은 생활이지 않은가. 하하하." 게라 씨가 웃으면서 단언했다.

'좋아하는 일'을 하면 기회가 찾아온다

"좋아하는 일을 하면 점점 힘이 샘솟는다네. 또 여러 가지 신기한 만남을 체험하고, 기회가 계속 찾아온다네. 이른바 '행운이 함께하는' 상태가 되지. 그런 흐름을 타는 것만으로도 인생이 술술 풀리는 것처럼 느껴지네. 그러면 자신감이 넘쳐나고 용기도 생겨나지. 얼마간의 리스크라면 해봐야겠다는 기분이 들지. 이것이 또 선순환을 불러온다네.

반대로 싫어하는 일을 하고 있으면, 점점 힘이 없어진다네. 인간적인 매력도 희미해지고 자기 자신이 싫어지기도 한다네. 주변에도 심하게 대하거나 무리한 희생을 요구하기도 하네. 자네를 위해서도 주변을 위해서도 좋지 않은 일뿐이라네. 부모가 불행하면 자식이 불행해지기 쉬운 것과 비슷하네. **자식에게 줄 수 있는 최대의 선물은 자신이 좋아하는 일을 하며 살아가는 모습을 보여주는 것이네.** 자신의 재능을 사회와 자유롭게 나누면서 풍요로운 인생을 사는 모습은 아이에게 최고의 선물이 된다네."

내가 평화 활동을 하는 것에 대해 게라 씨는 이런 말을 해주었다.

"자네는 1년간 미국에서 평화 강연을 하며 돌아다닌 거로 아네. 정말로 세계 평화에 공헌하고 싶다면 자신이 좋아하는 일을 하면서 인생을 사는 것이 가장 빠른 길이라네. 왜냐하면 자신이 좋아하는 일을 하는 사람은 다른 사람을 부러워하거나 비판하지 않네. 그럴 여유가 있다면 좋아하는 일을 더 하고 싶기 때문이지. 모든 사람이 자기가 좋아하는 일을 한다면 이 세상은 얼마나 평화로워질까.

나는 평소에 한 개인이 세계에 공헌할 수 있는 것은 오직 하나, **그 사람이 타고난 사명을 깨닫고 그것을 실천하는 것뿐이라고 생각하네.** 그러기 위해선 '자기가 좋아하는 일을 하는 거야'. 그저 그뿐이면 충분하네. 좋아하는 일을 하면 그 사람은 행복해지네. 행복한 사람은 주위를 행복하게 할 힘을 가진다네. 표면상으로는 일반적인 빵 가게 주인에 지나지 않는 남자도 영혼을 불어넣어 만든 빵으로 많은 사람을 행복하게 할 수 있어. 그의 웃는 얼굴과 빵은 다른 사람을 행복하게 하고 기분 좋게 만드네. 평화 데모를 하며 길가에 쓰레기를 버리는 무리보다 평화에 상당히 공헌하고 있다고 나는 생각해. 좋아하는 일을 하면 반드시 길은 열리게 되어 있네. 시간차는 있겠지만 언젠가 돈도 벌 수 있고. 만에 하나 돈이 찾아오지 않더라도 좋아하는 일을 해서 행복하니까 그것으로 충분하겠지.

감성이 풍부한 사람은 이 이야기를 직관적으로 이해할 수 있네. 하지만 자기가 좋아하는 일을 초등학교 이후로 해본 적이 없는 자네 같은 사람은 이해하기 어려울 걸세. 머리로는 알지만 행동하지 않는 사람에게는 그림을 그려 설명하면 쉽게 이해하더군."

게라 씨는 종이 냅킨에 그림을 그리면서 설명했다.

	돈이 많이 들어온다	돈이 되지 않는다
좋아하는 일을 하는 인생	◎	○
싫어하는 일을 하는 인생	△	X

좋아하는 일을 하면서 돈을 번다	이것이 최고의 인생
좋아하는 일을 하지만 돈을 못 번다	좋아하는 일을 하고 있으므로 충분히 행복
싫어하는 일을 하고 돈을 번다	돈은 있지만 싫어하는 일을 하고 있으므로 조금 불행 (타인보다 그럭저럭 괜찮다고 생각하는 사람도 있기 때문에 △)
싫어하는 일을 하면서 돈도 못 번다	이것은 최악의 인생

"싫어하는 일을 하면서 돈도 못 버는 인생을 선택하는 사람이 있을까요?"

"대부분이 좋아하지도 않는 일을 하면서 아주 적은 급여를 받고 빠듯하게 생활하는 것이 현실이네. 게다가 싫어하는 일을 그만두기도 어렵다네. 나는 다양한 사람들의 이직 상담을 해본 적이 있어서 그러한 심리 상태를 잘 안다네. 인생을 변화시키는 것 자체가 매우 어려운 일이지."

"어째서 그런 겁니까?"

"그건 말이네, 인간이 습관의 동물이기 때문이야. 일단 싫어하는 일을 하며 생활하는 패턴이 몸에 배면 거기에 익숙해지기 때문이지."

'좋아하는 일을 찾는 여행'을 떠날 때 주의할 점

"자네가 명심해야 할 것이 있네. 미국에서는 '파랑새를 찾아 여행을 떠난다'라고 말하는데, 자신의 인생을 찾는 여행을 영원히 계속하는 사람들이 있네. '지금 하는 일은 내 인생의 목적과는 달라. 그러니까 여행을 떠나자!' 하면서 인생의 목적을 찾아 나서지.

그 자체는 멋지지만, 개중에는 여행에서 돌아오지 않는 사람

자신의 심장 소리를
인생의 나침반으로 삼아라.
아무것도 들리지 않는다면
그것은 당신이 너무 바쁘기 때문이다.

이 있네. 유럽이나 인도, 티베트에 가야 진짜 자신을 찾는 것은 아니네. 자신이 좋아하는 일을 찾고 그것을 하기 위해서는 마음가짐을 바꿔야 해. 자유로운 마음을 되찾지 않고는 좋아하는 것을 느낄 수가 없기 때문이지."

"자유로운 마음이요?"

"그렇네. 자유로운 마음의 힘 없이는 인생의 목적에 이를 수가 없어. 그러려면 자기가 무엇을 하고 싶은지 아는 것과, 지금 하는 일을 사랑하는 것, 이 두 가지가 필요하네. 이 두 가지의 균형이 없으면 필생의 사업을 이룰 수가 없네. 좋아하는 일을 하는 사람이더라도 아침부터 밤까지 100퍼센트 즐기며 기쁘게 일하는 것은 아니네. 좋아하는 일 가운데 싫어하는 일도 있을 수 있지. 그것도 포함해서 지금 하는 일을 마음속에서부터 사랑할 수 있는지가 중요하다네.

이는 연애와 비슷하지. 아무리 대단히 좋아한다고 해도 귀찮다거나 싫은 부분이 있는 것이 보통이지. 그 같은 점도 포함해서 사랑할 수 있는지가 핵심이라네."

"무슨 말씀인지 잘 알겠습니다. 하지만 구체적으로 어떻게 하면 좋을까요?"

"**좋아하는 일을 만나는 최상의 방법은 지금 무슨 일을 하든 그것을 사랑하는 것이네.** 눈앞에 있는 일을 사랑하고 거기에 전력

투구할 수 있다면 이후에는 이끌리듯이 계속 흥미 있는 만남과 기회를 접하게 된다네.

철강왕 카네기는 어떤 업무가 주어지든 거기에 전력을 다했어. 그것이 우편배달이든 전신기사이든 열정적으로 임했지. 눈앞에 있는 일을 사랑한 거야. 그의 훌륭한 점은 절대 거기에 안주하지 않았다는 것이네. 자신의 흥미에 따라 이직을 하고 마지막에는 천직인 철강 분야에서 철강왕이라고 불릴 정도까지 되었지.

그가 우편배달은 자기가 할 일이 아니라며 적당히 했었다면 다음 기회를 끌어오는 일은 없었겠지. '좋아하는 일' 찾기 여행을 계속하는 무리 중에는 이런 사실을 알지 못하는 사람이 많아. 지금 눈앞의 상황에서 도피하려고만 해서는 모처럼 다가온 기회도 놓치고 말지.

필생의 사업이란 인생의 질을 표현하는 방법이라네. 자네는 타고난 인간으로서 기쁨과 사랑을 어떤 일을 통해 표현하고 싶은가? 그것은 노래를 부르는 일일 수도 있고, 사업을 하는 것일 수도 있고, 환자를 간호하는 일일 수도 있으며, 가르치는 일일 수도 있고, 요리를 만드는 일일 수도 있네. 어떤 직업을 선택하더라도 모든 것은 자네의 일과 타인에 대한 사랑의 표현이라는 점을 깨닫기 바라네. '인생을 찾는 영원한 여행자'가 이해하지 못하는 지점이지.

그들은 완벽한 직업을 찾으면 그런 사랑이 나온다고 생각하네. 하지만 현실은 반대야. 자신과 마주하고 재능을 계발해서 자신의 모든 것을 나누려고 노력하는 사람에게 마음의 평안과 부, 우정, 인생의 충만함이 찾아온다네. 진심으로 주려고 하는 사람은 받게 되는 법이지."

나는 감동하여 한동안 움직일 수 없었다. 내가 그 같은 여운을 맛볼 수 있도록 게라 씨는 말을 계속했다.

"살면서 방황할 때 자신이 무엇을 하면 즐거운지 가슴에 손을 얹고 물어보게. 그리고 **자신의 심장 소리를 인생의 나침반으로 삼는 거지.** 자기 안에 있는 두근거림, 설렘을 한번 느껴보게나. 아무 소리도 들리지 않는다면 그것은 자네가 지나치게 바쁜 탓이라네. 자네의 마음이 일상의 자질구레한 일로 가득 차서 조용한 소리가 사라져버린 것이지. 그럴 때는 마음을 가라앉히고 심장 소리에 귀를 기울여야 하네. 심장 소리가 자네의 인생을 이끌고 눈앞의 길을 열어줄 것이네."

성공을 부르는
직관력을 높여라

The millonaire's
Philosophy for
happy life

날씨 좋은 어느 날 오후에 게라 씨는 크루즈를 타고 바다에 가자는 말을 꺼냈다. 나는 기뻐하며 플로리다에 오게 된 것을 신에게 감사드렸다. 운하를 지나 육지에서 멀리 떨어진 바다로 나가자 다시 수업이 시작되었다.

지금까지 이뤄진 그의 가르침은 MBA(경영대학원) 수업보다도 훨씬 가치가 있었다. 갑판 의자에 편안하게 앉은 게라 씨가 나지막이 말하기 시작했다. 나는 기분 좋은 바람을 뺨에 맞으며 그의 말을 한마디도 놓치지 않으려고 정신을 집중했다.

조타수가 서툴면 여객선이 침몰한다

"자네는 조수의 흐름을 볼 수 있는가? 바다에 나갈 때 가장 주의

해야 하는 것이 조수와 바람의 흐름이라네. 인생도 마찬가지야. 자칫 흐름을 알아채지 못하면 목숨을 잃을 수도 있네. 마침 이 배는 엔진이 달려 있으니 괜찮지만, 요트는 조류와 바람의 흐름을 잘못 읽으면 치명적이지.

대부분 사람은 그런 흐름이 있다는 사실조차 알지 못한다네. 어느 배에 탈지에만 집중하지. 크기가 클수록 좋다고 생각하는 사람들이 있어. 하지만 아무리 선실과 시설이 좋아도 선장의 조타 실력이 나쁘면 타이태닉호 같은 호화 여객선이라도 가라앉는다네.

나는 손으로 노를 젓는 보트에서 시작해 스스로 배를 크게 만들어왔어. 조류와 바람의 흐름을 읽으며 자신이 가고자 하는 곳으로 가는 인생을 실현했다네. 그것은 무엇보다도 큰 조류의 흐름을 읽는 힘이 있었기에 가능했네. **성공하는 데 필요한 것은 흐름을 읽는 힘이네. 즉 사물을 깊이 통찰하는 힘이지.** 사회의 흐름이 어떻게 될 것인가, 돈의 흐름이 어디를 향하는가를 예측하는 것이지. 재산을 모으는 사람들은 온통 거기에 신경을 쓰네.

나처럼 전쟁으로 운명을 농락당한 자는 특히 그렇지. 나라의 방향이 좋지 않은 곳을 향하면, 그 나라를 탈출할 각오도 필요하네. 자네는 상상하지 못하겠지만. 자신이 태어난 문화를 사랑하는 일은 멋지다네. 하지만 지금 있는 장소를 언제 떠나도 괜찮다는 가벼운 마음 자세를 늘 지니길 바라네."

"어떤 흐름을 보는 것이 좋습니까?"

"사회가 앞으로 어떻게 변해갈지를 보게나. 지금 미국은 불경기라고 하지만 틀림없이 언젠가 경기는 좋아지겠지. 자네 나라는 지금이 절정(당시 일본은 거품의 정점이었다)으로 당분간은 그렇겠지. 일전에 TV에서 토지 가격이 손수건만 한 넓이에 얼마라고 하는 식으로 방송했었는데 그것만 봐도 알 수 있네. 일본에 대해 자세히는 모르지만 그 방송이 모든 것을 말해주지. 그 같은 터무니없는 일은 오래가지 않네.

경기는 순환을 반복하는 법이지. 자네 말로는, 일본이 미국을 이겼다고 들떠 있는 것 같지만 우스운 이야기네. 오만한 쪽이 지는 것이 역사의 교훈이지. 미국도 바로 이전까지 오만했었네. 1960년대는 미국이 세계의 왕자라고 착각하던 시대였네. 그리고 아시아의 작은 나라까지 공격하고 자신의 파워를 세계에 과시하려 했지. 결과가 어땠는지는 알고 있겠지. 오만해졌을 때 추락은 이미 시작되고 있다네. 지금의 일본이 그렇듯이 말일세. 그사이에 반드시 미국이 회복하여 역전할 것이네.

그때 자네는 이 이야기를 떠올리게. 그리고 또 10년이나 20년 지나서 미국이 다시 오만해졌을 때, 시소게임처럼 교체 시기가 다시 왔다는 것을 기억하기 바라네.

아무리 뛰어난 경제학자라도 돈이라는 조수의 흐름을 읽지는 못한다네. 상식과 자신의 직관에 의지하게나. 세세한 흐름에 의식을 빼앗기면 안 되네. 적어도 5년, 10년의 흐름으로 상황을 살펴보길 바라네."

운과 인생의 주기를 판별한다

"흐름과 동시에 중요한 것이 인생의 주기라네. 인생에는 궤도에 오르는 상승세와 내려가는 하강세가 있어. 그것은 회사도 나라도 문화도 마찬가지지. 오르는 상태일 때는 무엇을 해도 잘 풀리네. 반대로 내려가는 상태일 때는 무엇을 해도 빗나가 버리는 법이네. 이 인생의 주기를 잘못 읽기 때문에 잘 풀리는 상태일 때 성공하기 시작한 사람들이 도중에 탈락해버리고 만다네.

자신의 인생이 어디를 향해 가고 있는지를 생각하게나. 지금은 브레이크를 밟을 때인가, 아니면 액셀러레이터를 밟을 때인가를 잘 살피라는 말이네. 인생에는 달처럼 차고 기우는 흐름이 있네. 자신의 달이 어떤 상태인가를 확실하게 아는 것이 성공에 꼭 필요하지. 자신의 달이 기울었다고 느낄 때는 과감하게 아무것도 하지 않고 느긋이 인생을 즐기게나.

그리고 운이 상승해서 순풍이 분다면 돛을 넓게 펼쳐서 승부에 나서는 거지. 자신의 운이 어떤 상태인지 피부로 느낄 수 있다면, 터무니없는 큰 실패를 하지 않을 수 있다네. 터무니없는 실패란 운이 떨어진 시점에서 실패를 만회하려고 승부에 나설 때 일어난다네. 그럴 때는 폭풍이 지나가기를 바라며 집에서 차분히 있는 것이 상책이네."

사람의 그릇, 회사의 그릇을 판별한다

"가능하면 다양한 사람과 사귀도록 하게. 그리고 만나면 5분 안에 그 사람이 어떤 인물인지를 판별하도록 하게. 그러지 못하면 이런저런 나쁜 일을 경험하게 되지. 뭐, 젊을 때는 죽지 않을 정도로 나쁜 일을 겪는 편이 자신을 위해서 도움이 된다고 생각하지만 말일세.

만나는 사람의 본질을 읽어내는 것이 성공의 출발점이네. 장래에 자네가 팀을 꾸릴 때도 팀원이 될 사람의 됨됨이와 적성을 모르면 어떻게 팀을 만들 수 있겠나?"

"어떻게 좋은 사람과 나쁜 사람을 가려낼 수 있습니까?"

"간단하네. 그 사람의 눈을 똑바로 바라보게나. 그 안에 진실이 있는지를 확인하면 돼. 그것만으로도 충분히 알 수 있네. 웃는 얼굴이 부자연스러운 사람도 주의가 필요하지. 정직하고 즐거운 인생을 사는 사람은 웃는 얼굴이 상냥하다네. 인간성을 보려면 그 사람이 이해관계가 없는 타인을 어떻게 대하는가를 보면 바로 알 수 있네.

예를 들어, 레스토랑의 종업원이나 청소하는 아주머니를 그 사람이 어떻게 대하는가를 관찰해보면, 저절로 인간성이 드러나는 법이야. 인격을 갖춘 사람이라면 그런 사람들에게도 예의 바르게 고맙다는 인사를 하지. 인간적으로 안과 겉이 다른 사람은 자네한테는 좋은 얼굴로 대하더라도 자기보다 아랫사람인 타인에게는 함부로 말을 할 걸세."

"회사의 좋고 나쁜 점은 어떻게 보는 겁니까?"

"사업계획을 볼 때는 그 **사업의 본질이 무엇인가를 읽어내려고 노력하게.** 사장의 표정도 눈여겨보게. 대체로 사장의 표정이 좋지 않은 회사는 회사 운영이 잘되지 않는다네. 사장한테 술, 여자, 도박 같은 버릇이 없는지도 확인해야 하네. 다른 사람의 비판을 겸허히 받아들이는지도 중요한 사항이네."

직관력을 기른다

"직관력을 익히는 것은 매우 중요하네. 나는 최종 결단을 직관에 의지해 내리고 있네. 미국 회사의 최고경영자도 과학적으로 일을 처리하는 것처럼 보일지 모르지만, 최종적으로는 자신의 직관에 따라 중요한 일을 결정한다네. 게다가 성공한 사람일수록 직관력을 갈고닦아 예민하네. 비즈니스에 투자할 때도 사람과 사귈 때도 자신의 직관을 신뢰하도록 하게. **머리로 아무리 생각해도 소용없는 일이 많다네.** 크게 성공한 사람 중에 정규 교육을 받지 않은 사람이 많은 것도 이 때문이지. 대학교육을 받으면 머리로 생각하는 버릇이 생기고 말아. 인생이나 사업에서 중요한 것은 어느 때라도 살아남는 동물적인 직관력이라네."

"직관과 단순한 직감력은 어떻게 다른 것입니까? 저는 잘 구별이 되지 않습니다."

"직관은 흔들리지 않는 느낌이네. 직감력은 바뀌기 쉬운 감각 같은 것이지."

"그러면 직관은 어떻게 하면 기를 수 있습니까?"

"훈련하는 수밖에 없네. 근육을 단련하듯이 자꾸 사용하는 것 말고 다른 방법은 없지."

그때 내 몸에서는 아직 직관이 전혀 작동하지 않고 있었다.

SECRET

4

부를 끌어당기는
무의식 마인드셋

The millonaire's
Philosophy for
happy life

크루저 갑판에서 차를 마시며 게라 씨는 이야기를 계속했다.

"매일 일상적으로 자신의 생각을 끊임없이 점검하게. 일상적으로 생각하는 것이 인생을 만드네. 부자는 일상적으로 풍요로움, 새로운 기회, 즐거운 이벤트를 생각한다네. 돈과 인연이 없는 사람은 월말에 지불할 공과금, 함께 일하기 싫은 상사, 구조조정 이야기 등 빈곤으로 이어질 만한 것만 생각하지. 평소 의식을 어디에 집중시키느냐가 자네의 미래를 결정하네.

자신의 사고가 얼마나 중요한지 이해한다면 성공은 아주 빨리 오지. 자신이 장래에 직업으로 삼고 싶은 일, 하고 싶은 일에 초점을 맞추게. 한 연구에 따르면 보통 사람은 하루에 수만 개의 생각을 한다네. 그 생각의 대부분이 파괴적인 것이라면 자네의 인생 또한 파괴적으로 빨라지네. 자신이 장래에 직업으로 삼고 싶은 일, 하고 싶은 것에 초점을 맞추게. 어느 연구에 따르면 보통 사람은 하루에 수만 개의 생각을 한다고 하네. 그 사고의 대부분이 부정적이라면 자네의 인생도 부정적으로 될 걸세.

인생은 '생각하는 것'과 '행동하는 것', 이 두 가지로 이루어지네. 지금까지 생각했던 것과 사고했던 것을 행동으로 옮긴 결과의 집대성이 바로 자네라네. 건강에 신경 쓰는 사람은 입에 들어가는 음식을 주의하지. 먹는 것이 몸을 만든다는 사실을 잘 알기 때문이야. 하지만 인생의 건강을 바라는 사람들 대부분이 머리에 무엇을 넣을까에 대해선 전혀 주의를 기울이지 않아. 너무 이상하지 않은가?

멋진 인생을 살고 싶다면 행복의 토대가 될 만한 사고방식을 머리에 집어넣어야 하네. 머리에 들어온 것이 자네의 생각을 만들고, 생각은 인생을 만들기 때문이야. 읽는 책의 메시지, 보고 있는 TV, 만나는 사람이 말하는 내용에 더 신경을 쓰게."

"하지만 사고가 인생을 만든다니, 왠지 믿기 어려운데요."

"'평소에 생각하는 것이 현실의 인생을 만든다'라는 것은 성공한 사람들이 자주 하는 말이네. 또한 실제로 많은 사람이 그렇게 해서 성공했다고 말하지. 증명할 수 없다거나 잘 모르겠다는 이유로 보통 사람은 하려고 하지 않지만. 자네는 TV 리모컨의 3을 누르면 어째서 3번 채널이 나오는지 그 구조를 알고 있나?"

"아니요, 모릅니다."

"하지만 일상적으로 리모컨을 사용할 걸세. 그 구조를 모르니까 사용할 수 없다는 어리석은 말은 하지 않겠지. 자동차의 메커니즘도 그렇네. 엔진의 시스템을 몰라도 열쇠를 돌리고 액셀러레이터와 브레이크와 핸들만 조작할 수 있으면 운전을 할 수 있네. 마찬가지로 나는 이를 자네에게 알려주고 싶네. **'자신의 생각이 인생에서 현실로 나타난다'**는 것은 진실이네. 그러니까 그것을 이용하게나. 그 구조는 알 필요가 없네. 자신이 되고 싶은 모습을 상상하고, 하고 싶은 일을 구체적으로 그려보면 되네. 놀랄 정도로 머릿속 상상은 현실로 이루어질 걸세."

"하지만 생각을 해도 그대로 되지 않는 일도 많지 않습니까?"

"그렇다네. 그러나 자네의 사고를 잘 점검해보면 생각대로 되지 않았던 현실을 기대하고 있지 않았나? 구체적인 예를 들어 물어보게나."

"글쎄요. 좀처럼 여자친구가 생기지 않는데 어째서일까요? 막상 만날 기회가 생겨도 좋은 관계를 잘 맺지 못해요. 저는 진지하게 사귀고 싶다고 생각하지만, 이상적인 관계가 실현되지 않습니다. 어째서입니까?"라며 게라 씨에게 도전하듯이 다그쳐 물었다.

"자네 같은 청년이라면 여자친구가 생기지 않을 리가 없네. 자네는 '여자친구와 진지하게 사귀고 싶지만 무리야'라고 말하고 있군그래."

"예, 그렇습니다."

"나는 '인생의 결과는 그 사람 본래의 의도가 그대로 나타난 것'이라고 생각하네. 자네가 여자친구와 좋은 관계를 맺지 못하는 것은 자네가 그렇게 바랐다고 보네. 자네가 말한 것처럼 표면의식에서는 그녀와 좋은 관계를 맺고 싶다고 생각하고 있어. 하지만 진정한 자네는 반대로 생각하고 있는 거지. 그러니 현실은 진정한 자네가 바라는 대로 나타난 것이라네."

"제 본심은 여자친구를 원하지 않는다는 뜻이군요. 그렇지는 않습니다. 늘 이상적인 여자친구를 사귀고 싶다고 생각합니다!"

"그러면 자네가 왜 여자친구와 진지한 관계를 바라지 않는지 말해볼까?"

"아, 네." 나는 조금 동요면서 대답했다.

"자네는 아직 자신이 젊다고 생각하지. 여러 여자와 사귀고 싶어 하지. 그리고 당분간은 그렇게 즐겁게 즐기다가 이상적인 여성을 찾자고 생각하고 있을 걸세. 아닌가?"

"그, 그, 그럴지도 모르겠습니다. 아, 창피하지만 말씀 그대로입니다. 잘 아시는군요."

"간단한 일이라네. 그 밖에도 자네가 한 명의 여성과 진지하게 사귀고 싶지 않은 이유는 많다네. 예를 들어 한 사람을 정한다면 상대 여성에 대한 책임을 느끼지. 결혼하자고 독촉을 받아도 지금은 곤란하고, 그 여성이 정말로 인생의 반려자인지를 판단할 수도 없어. 그 사람과 사귀다가 더 근사한 여성이 나타날지도 모르지. 한 사람으로 정해버리면 즐기지도 못하기 때문에 지금 바로 특정한 누군가에게 속박당하는 것은 조금 재미없어. 게다가……."

"이…… 이제 충분합니다. 졌습니다. 항복하겠습니다. 저는 역시 아직 진지한 관계를 원하지 않는 것 같습니다." 나는 식은땀을 흘리며 그가 하는 말을 막았다. 그 이상 마음을 들키는 것은 견디기 힘들었다.

"이제 알았는가? 자네의 저 깊은 곳에서는 아직 여자친구를 원하지 않는 것이네. 결국 자네가 생각한 대로 실현된 것이지. 만약 간절히 원하는 것이 있다면 자기 생각부터 점검해봐야 하네."

생각이 인생을 만들고, 감정이 인생을 지배한다

"사고가 인생을 만든다는 것과 마찬가지로, 감정은 보통 사람의 인생을 지배하고 있네. 그렇게 말하면 과장되게 들리겠지. 하지만 실제로 그렇다네. 예를 들면 자신이 좋아하지도 않는 일에 쫓겨 생활하는 사람이 있다고 해보세. 왜 이 사람은 노예도 아닌데 아침부터 밤까지 싫어하는 일을 하고 있다고 생각하나?"

"글쎄요. 회사를 그만두는 것이 두렵기 때문일까요?"

"그렇다네. **대부분 사람은 변화를 두려워하네.** 될 수 있으면 현재 생활에 매달려 있지. 그렇게 사는 것이 결코 행복하지 않다는 것을 알면서도 말이네. 두려움을 느끼고 싶지 않기 때문이야. 결국 두려움에 자신의 인생을 지배당하는 것이지."

"정말 그렇습니다."

"다른 감정도 인생을 지배하고 있어. 분노, 슬픔, 우울한 감정은 인생을 헛되게 만들고 말지. 말하자면 이런 감정에 인생을 빼앗기고 있다고 해도 지나치지 않네."

"처음 들었을 때는 과장이라고 생각했지만, 말씀하신 대로라는 생각이 듭니다."

"감정에 인생을 지배당하지 않으려면, 우선 감정의 힘을 알아야 하네. 자신이 감정에 휘둘리고 있음을 아는 것만으로도 반은 그 영향에서 벗어날 수 있네."

자신의 내면과 나눈 대화를 기록하라

"평소에 생각하고 느끼는 점을 종이에 쓰는 것이 좋네. 종이에 쓰다 보면 초점이 명확해지기 때문이야. 대부분 성공한 사람은 모두가 자신의 마음과 생각, 감정과 비전을 종이에 적네. 그것은 매우 이치에 맞는 일이지. 자기 생각을 종이에 써두지 않으면 무엇을 생각하고 느끼는지를 분명히 인식할 수 없기 때문이네. 자신이 진짜 원하는 것을 알기 위해서라도 다양한 생각을 종이에 적도록 하게. 느끼는 것도 종이에 적어두면 마음 정리가 된다네.

가능하다면 처음에는 아침부터 밤까지 생각했던 것을 모두 써보게. 그러면 지금까지 보지 못했던 부분이 보일 걸세. 그러고 나서 이 생각이 과연 자기 인생에 도움이 되는가를 검증해봐야 하네. 자신의 사고를 통제할 수 있어야 자기 인생의 주인이 될 수 있다네."

게라 씨는 자기 인생의 주인이 되기 위해 무엇이 필요한지에 대해 이어서 말했다.

"연애도 사업도 성공하고 싶다면 커뮤니케이션 능력을 높이게나. 그다지 알려지지는 않았지만, 커뮤니케이션에는 두 종류가 있네. 자신의 내면과 하는 커뮤니케이션과 자신의 외부와 하는 커뮤니케이션이네. 대부분의 사람은 이 두 가지가 있다는 사실조차 모른다네.

그러니까 자신이 무엇을 느끼고 생각하는지도 모른 채 인생을 살아가지. 자신을 모르기 때문에 외부와도 제대로 된 커뮤니케이션을 할 리가 없네. 대부분이 몽유병 환자처럼 생활하고 있다고 할 수 있지. 아침이 되면 서둘러 옷을 갈아입고 출근한 뒤 일에 쫓겨 하루를 보내지. 낮에는 눈앞의 프로젝트에 집중하고 쓸데없는 잡일에 몰두한다네.

자신의 인생에 대해 아무것도 생각하지 않은 채 일주일을 보내지. 머리가 좋은 사람도 그렇다네. 그들은 자신과의 대화를 왜 해야 하는지에 대해 의문도 제기하지 않는다네. 정규 교육을 받지 않은 사람은 왜 자신과 대화를 해야 하는가에 대해 소박한 의문을 가진다네. 자신에게는 배움이 없다고 생각하기 때문에 지식욕도 왕성하지. 오히려 대학을 나온 사람들은 어쩐지 배우는 일은 이제 끝났다고 생각하는 것 같네.

어쨌든 **'자신이 무엇을 느끼고 있는가, 무엇을 생각하고 있는가'**에 의식을 집중해보게. 그리고 자신이 좋아하는 것을 찾아보게. 고등교육을 받은 사람일수록 무엇이 유리한지, 이익인지 손해인지만 생각하네. 순식간에 이것저것을 따져버리기 때문에 자신의 진짜 욕구를 깨닫기가 더 어렵다네."

어디에 집중하느냐에 따라 결과가 달라진다

"옛날에 텍사스를 차로 운전해 갈 때의 일이네. 자네도 알다시피 그 지역은 도로 이외에는 아무것도 없는 길이 끝없이 이어진 곳이지. 한참을 달리니 도로 옆에 차에 부딪혀 구부러지거나 휘어진 표지판이 종종 보였다네.

주유소 옆에 있는 카페에서 경찰에게 '이 부근 젊은이들은 형편없군요. 표지판이 몇 개나 부서져 있더군요'라고 말했네. 그랬더니 경찰이 아주 재미있는 얘기를 했네. '그건 장난으로 망가진 것이 아닙니다. 어른들이 부딪친 겁니다. 한 사람이 아니라 여러 명이 그러고 있어요. 아무리 생각해도 이해할 수 없습니다. 저 도로에는 표지판 말고는 아무것도 없는데 어째서 표지판을 들이박는 걸까요? 처음에는 실버타운에 계시는 어르신들이 즐기는 벌칙게임이 아닐까 하는 소문도 돌았었죠. 물론 주변에 아무것도 없으니까 간단히 피할 수 있을 거라고 생각은 하지만요.'

나는 재미있는 일이라고 생각했네. 왜냐면 그들이 표지판에 부딪히는 이유를 알았기 때문이야. 아무것도 없는 도로를 달리며 그들의 시선이 표지판으로 향했을 것이네. 피곤하니까 정신이 몽롱했겠지. 그리고 표지판을 보면서 부딪쳐버린 것으로 생각하네. 아무것도 없는데 어째서 부딪친 것인가가 아니라, 아무것도 없기 때문에 눈에 뜨인 표지판에 자동차가 부딪치고 만 것이라네."

"정말, 우리도 그 사람들과 마찬가지라는 뜻이군요."

"이해가 빠르군. 부정적인 것에 초점을 맞추면 그쪽으로 빨려 들어가고 만다네."

"저도 어릴 때, 자전거를 타다가 비슷한 경험을 했습니다. '벽에 부딪힌다!'라고 생각한 순간부터 이미 벽 쪽으로 의식이 향해서 정말로 부딪쳐버렸습니다."

"그렇지. 그래서 가능하면 자신이 원하는 것에 의식을 집중해야 하네. 예를 들면 멋진 여성과 사귀고 있다고 해보세. 상대방이 자기보다 훨씬 근사한 남자를 만나면 어떡하나 생각했다면 그 일은 현실이 되어버리지. **자신이 진정으로 원하는 현실에 의식을 집중하는 것이 중요하네.** 인생에서 좋은 일이 일어나리라 생각하는 사람한테는 좋은 일이 계속 일어나는 법이네. 자신의 사고가 어디에 초점을 두고 있는가를 늘 의식하게."

말하는 동안 어느새 목적지인 무인도에 도착했다. 그곳에서 게라 씨와 나, 그리고 집사인 스티브 씨까지 세 사람은 배에서 내려 준비해 온 점심 도시락을 꺼냈다. 눈앞에는 플로리다의 새파란 하늘이 펼쳐져 있고 바다가 끝없이 이어졌다. 해변에는 부드러운 바람이 불고 있었다. 지금까지 살아온 인생 중에서 최고의 시간이었다. 점심을 다 먹자 게라 씨가 말했다.

"잠시 산책이나 하고 오게. 그리고 앞으로 어떤 인생을 살고 싶은지 혼자서 생각해보게나. 자네의 마음 변화를 이 노트에 써놓아도 좋네. 우리도 잠시 그 근처에서 시간을 보내고 있겠네."

나는 스티브 씨가 건네준 배낭을 메고 혼자서 무인도 탐험에 나섰다. 잠시 바닷가를 걸으니 갑자기 지금까지 느껴본 적 없는 해방감이 온몸에 밀려왔다. 주위의 수백 킬로미터에 이르는 공간에 나 말고는 아무도 없었다. "나는 자유다! 뭐든 마음대로 하자. 나는 이 섬의 왕이다"라고 큰 소리로 외쳤다. 태어나서 처음 맛보는 기분이었다. 펼쳐진 바다와 파란 하늘도 나를 축복해주는 것 같았다.

멀리서 새소리가 들려왔다. 나는 내가 살고 싶은 인생에 대해 진지하게 생각했다. 그 생각을 노트에 적어 내려가는데 멈출 수가 없었다. 계속해서 아이디어가 흘러넘쳤다.

"그래, 이 일도 할 수 있고, 저 일도 할 수 있어!"

나는 샘솟는 아이디어에 도취했다. 그리고 생각했다. '나는 얼마나 행복한 사람인가. 전 세계 스무 살 중에서 최고로 행복한 사람임이 틀림없어'라며 게라 씨와 신, 부모님, 떠오르는 모든 사람에게 감사의 마음이 샘솟았다.

몇 시간이 지났을까. 평안함과 감사함에 넘친 나는 원래 배가 있던 자리로 서둘러 돌아갔다. 그곳에 게라 씨와 함께 타고 왔던 배가 사라지고 없었다.

인생을 신뢰하는 자에게 행복이 찾아온다

처음에는 '어, 잠시 어디 가신 걸까' 하고 생각했다. 그러나 저녁이 되어 주위가 어두워지자 점점 불안해졌다.

'나만 버리고 가버린 것일까? 그럴 리가 없어. 아니야, 지금까지 과정을 보면 이것도 뭔가 수업임이 틀림없어. 내 안의 불안을 들여다보게 하는 과제일까? 이곳에서 탈출할 수 있는지 없는지를 시험하려는 걸지도 몰라. 에잇, 또 저 할아버지한테 당했네.'

나는 쓴웃음을 지으며 조금 더 섬을 탐험해보기로 했다. 그러자 내가 왔던 방향과 반대쪽 해변 안쪽에 텐트가 쳐져 있는 것을 발견했다. 텐트 앞에 피투성이인 어린아이의 하얀 셔츠가 떨어져 있었다. 어두운 데다 불안과 공포가 한 번에 덮쳐와 나는 공황 상태에 빠졌다.

'이 섬에 뭔가 있을지도 몰라. 이 아이는 맹수에게 잡아먹혔을지도······.'

며칠 전으로 거슬러 올라가 생각해보니 저녁 식사 자리에서

"제가 좋아하는 책은 『로빈슨 크루소』입니다"라고 말한 것이 화근이었다. 그것이 이번 크루즈 여행에 초대받은 직접적인 계기였다. 그러고 보니 "『로빈슨 크루소』를 좋아한다면 그 이야기에 나올 법한 섬이 있다네. 한번 가보고 싶은가?"라고 게라 씨가 말했었다.

지금 돌이켜 생각해보니 나는 또 "가보고 싶습니다"라고 말하지 않았던가.

나는 온몸에 핏기가 가시는 것을 느꼈다. 아무리 생각해도 이것은 난처한 상황이다. 불과 몇 시간 전에 "나는 이 섬의 왕이다"라고 외쳤을 때 맛본 최고의 기분은 싹 사라지고 없었다.

낮에는 그렇게 고마웠었던 게라 씨에게 분함과 분노가 끓어올랐다. '그토록 좋은 말을 해주었으면서도 이런 일을 당하게 하다니!' 그렇게 생각하자 게라 씨에 대한 분노가 더욱 커졌다. 얼마의 시간이 지나자 갑자기 피곤해져서 주저앉고 말았다. 배낭을 뒤져보니 다행히 성냥과 약간의 음식물이 들어 있었다. 이것도 조금씩 먹는 것이 좋을까?

어쨌든 장작을 그러모아 불을 지폈다. 조용히 불을 보고 있자니 여러 감정이 올라왔다. 오랜만에 느낀 분노가 방아쇠가 된 것인지 어릴 적 가족의 상황이 떠올랐다. 술 취한 아버지에게 맞았던 일. 엄마가 나를 감싸고 누나와 남동생은 벌벌 떨고 있었다.

평소에는 떠올리기 싫은 광경이 계속해서 나타났다. 맨 처음에는 분노, 뒤이어 슬픔이 밀어닥쳤다. 어째서 그런 일이 생겼던 것일까? 가족에 대한 증오와 애처로움이 섞인 감정이었다.

"어쩌면 이제 만나지 못하는 걸까?"

일본에 있었을 때는 평생 만나고 싶지 않다고 증오했었던 아버지도 까닭 없이 만나고 싶어졌다. 내가 심한 말을 했던 일을 사과하고 싶었다. 만약 기회가 있다면……. 친구의 얼굴이 한 명 한 명 떠올랐다가 사라졌다. 내 주변에는 다양한 사람이 있었구나.

정신이 들고 보니 아침이었다. 해변으로 나가 보니 바다에서 익숙한 크루즈가 오고 있는 것이 아닌가. 갑판에는 게라 씨가 싱글거리며 손을 흔들고 있었다.

팽팽했던 긴장감에서 해방된 탓인지 나도 모르게 울컥했다. 게라 씨가 해변에 내려 걸어오자 나는 달려가서 그에게 안겼다. 그는 아무 말 없이 나를 꼭 안아주었다.

감정이 진정되자 그가 내게 물었다.

"어제부터 어떤 사고와 감정이 자네 머릿속에 있었는가?"

"한마디로 말할 수 없습니다. 처음에는 감사로 가득 찼습니다. 그랬는데 배가 없는 것을 보고 한동안 현실을 받아들이지 못했습니다. 당황스러움과 불안, 분노가 치솟았습니다."

"속았다고 생각했겠지?"

"아, 예. 솔직히 말하면 선생님 얼굴을 보면 한 방 때리겠다고 생각할 정도였습니다. 설사 하룻밤이라고는 해도 혼자 남겨두고 떠나다니 너무 심하신 것 아닌가요?" 조금 부끄러웠지만 어제의 분노를 섞어 항의하듯 말했다.

"분노한 것은 좋은 일이네. 그동안 자네는 자신 안에 있는 폭력성을 무시하고 있었지. 그래서 나중에는 무엇을 느꼈는가?"

"너무 많아서 기억이 나지 않습니다. 아주 엉망진창이었어요. 사전에 말씀해주셨다면 좋았을 텐데요! 피투성이인 어린아이 셔츠도 떨어져 있었는데, 조금 더 있었으면 죽었을지도 모릅니다." 나는 아직 분노가 채 가시지 않은 목소리로 말했다.

"아, 그거 말인가?"라고 말하더니 게라 씨가 웃기 시작했다.

"그것은 얼마 전에 놀러 왔던 손자가 코피를 흘렸을 때 입고 있었던 거라네. 하지만 어째서 자네가 죽는가?"

"그, 그건, 말이죠……."

나는 맹수에게 아이가 잡아먹혔을지도 모른다고 생각했다는 말은 차마 창피해서 꺼내지 못했다.

"자네가 이러한 감정과 사고에 익숙해졌으면 싶었네. 알아차렸을지도 모르겠네만, 자네가 느꼈던 모든 감정은 많은 사람이 인생을 살면서 느끼는 것들이야. 살다 보면 어느 때인가 무인도 같은 곳에 홀로 떨어져 있는 것처럼 느껴진다네. 그리고 어떻게 살아가면 좋을지 몰라서 혼란스러워하네. 왜 아무도 알려주지 않았냐며 부모, 회사, 사회를 비난하고 싶어진다네.

자네가 이 같은 감정에 대한 대처 방법을 알기를 바랐네. 그러지 않으면 보통 사람들과 마찬가지로 혼란스러운 채로 살아갈 테니 말일세."

"어떻게 하면 좋습니까?"

"우선 **자신의 감정과 사고가 인생을 통제하는 힘을 빼앗아 갈 정도로 강력하다는 사실을 알아두기 바라네.** 그리고 거기에 대처할 수 있는 사람이 되었으면 하네."

"예. 제가 서 있을 위치를 잘 알게 됐습니다."

이 무렵에야 게라 씨의 의도가 잘 이해되었다. '감정은 두려운 것이 마땅하다!'라고 자신을 타일렀다.

"자네가 기억해야 할 점은 인생을 신뢰하는 것이네. 일시적으로 내버려진 것처럼 느껴지면 오늘 일을 떠올려보게. 분명 도움이 될 거야. 인생을 신뢰하는 사람에게만 행복이 찾아오기 때문이지. 자, 어쨌든 잘했네. 이것으로 그럭저럭 마인드셋의 기초가 완성된 듯하군. 내일부터 드디어 다음 단계로 들어가세. 성공하는 데 필요한 기술을 익힐 때가 드디어 왔네. 우선 세일즈에 대해서 가르쳐주겠네."

무척 황당했던 수업을 무사히 끝내고 추억이 깃든 섬을 뒤로

했다. 집으로 돌아갈 때의 크루즈는 내 앞날을 축복해주는 것처럼 아주 시원하게 나아갔다. 하지만 이것으로 힘든 수업이 끝났다고 안심했던 나는 조금 안이하게 다음 수업을 맞았다.

세일즈를 아는 것은
모든 일의 기본

*The millonaire's
Philosophy for
happy life*

아침에 일어나 거실로 나갔더니 마루 한 면에 수십 개의 골판지 상자가 놓여 있었다. 무엇일까 하고 안을 들여다보았는데 그곳에는 딱히 특별하지 않은 전구가 들어 있었다. 상자 하나에 족히 천 개가 넘게 담겨 있는 것 같았다. 도대체 어디에 쓰는 것일까 궁금해하고 있는데, 게리 씨가 "잘 잤는가?" 하고 아침 인사를 하며 거실로 들어왔다.

"이 전구는 도대체 어디에 쓰는 겁니까?"

"이건 말이지, 쓰려는 것이 아니네. 팔 것이네. 자네가."

"예? 제가 판다고요?"

"오늘부터 자네는 '전구 장수'가 되는 거야"라며 그가 장난스러운 얼굴로 말했다.

"예? 오늘 세일즈에 대해 가르쳐주시는 게 아니었습니까?"라며 나는 노트와 펜을 쥐고서 물었다.

세일즈 없이 사업에 성공할 순 없다.

진짜 프로 세일즈맨이 되면

무엇이든 팔 수 있어

평생 굶을 일이 없다.

"자네에게 세일즈에 대해 알려준다고 말했었지. 테라스에서 대화를 나누는 것이 아니라 실전으로 해보는 것이 더 확실히 배울 수 있을 거로 생각했네."

예상 밖의 전개에 조금 충격을 받았지만 어쨌든 생각을 고쳐먹었다.

"친절하게 준비해주셔서 감사합니다. 하지만 함께 팔러 가주시는 거지요?" 조금 불안한 마음으로 게라 씨에게 물었다.

"아니, 자네 혼자서 파는 거네."

"아! 혼자서 이걸 어떻게 팝니까? 저는 세일즈라고는 해본 적이 없습니다. 우선 이것을 얼마에 팔면 됩니까?"

"자네가 원하는 금액에 팔아도 상관없네. 다만 원가는 1달러이니까 나중에 천 달러를 자네한테 받겠네. 전구가 마침 천 개 있으니까. 자네 나름의 방법으로 이 전구를 3일 이내에 팔도록 하게. 전부 다 팔 때까지는 이 집에 돌아와서는 안 되네. 이 정도도 스스로 하지 못하면 장래성은 없으니까. 그러면 지금부터 시작하게나." 게라 씨는 조금 엄한 표정으로 말했다.

나는 '또 천 개인가!'라고 생각하면서 무거운 발걸음을 거리로 옮겼다. 마음을 고쳐먹고 긍정적으로 생각했다.

'나는 천 명분의 서명도 순식간에 받아냈어. 이번에는 눈에 보이는 물건을 파는 것이니까 쉽게 해낼 수 있어. 10개씩 100명한테 팔면 하루에도 끝낼 수 있어'라고 생각했지만 곧바로 냉정한 현실에 직면하고 말았다.

물건이 아닌 서비스를 팔아라

가뜩이나 더운 날씨에 골판지 상자를 안고 집마다 현관 벨을 눌러가며 전구를 팔러 다녔다. 아니, 팔려고 했다는 것이 더 정확한 표현일 것이다. 가는 집마다 의아해하는 표정이었고, 개한테 물릴 뻔하기도 했다. "안 삽니다"라며 연속해서 차가운 거절을 당하기도 했다. 결국 하루가 다 가도록 전구 하나 팔지 못했다.

공원 벤치에서 햄버거로 저녁을 때우면서 붉은 노을을 바라보았다. 자동차 좌석에 한가득 쌓인 골판지 상자를 생각하자 절망적인 기분이 들었다.

"천 개를 팔 때까지 돌아올 수 없네"라는 말이 머릿속을 빙빙 돌았다. '나는 이제 그 집으로는 돌아갈 수 없을지도……' 하는 생각이 들었다. 그러나 이대로 포기한다면 모처럼 얻은 기회를 엉망으로 만드는 것이었다.

'요전에 서명받을 때의 천 마리 종이학처럼 한 번에 역전시킬 아이디어를 짜내야만 해……'

그때 생각 하나가 떠올랐다. '제가 댁의 집 전구를 무료로 갈아드리겠습니다'라는 서비스를 추가하자는 아이디어였다. **전구 자체만 판다면 좀처럼 사는 사람이 없다.** 그러나 노인이 많은 플로리다 지역에서 '전구를 교체하는 귀찮은 작업을 해주면 좋겠다'라고 생각하는 사람들이 많을 것으로 생각했다.

자동차 안에서 밤을 새운 뒤 승부를 거는 날이 밝자 다시 마음을 다잡았다. 나는 차를 실버타운으로 달려 경비의 눈을 피해서 골판지 상자를 들고 맨션의 벨을 눌렀다. 문을 열고 나온 노부인에게 여러 번 반복해서 준비한 말을 하기 시작했다.

"저는 일본 학생입니다. 자원봉사로 지금 전구를 갈아 끼워주는 서비스를 하고 있습니다. 댁의 전구를 무료로 교체해드리려고 하는데 어떠십니까? 돈은 전구값만 주시면 됩니다."

두근거리는 마음을 진정시키며 할머니의 반응을 기다렸다. 그녀는 빙긋 웃어주었다.

"실은 테라스에 있는 전구가 높은 곳에 달려서 바꾸지를 못하고 있었어요. 괜찮다면 갈아줄 수 있을까요?"

나는 그녀의 한마디에 왈칵 눈물이 날 것 같았다. 그렇게 내 세일즈 인생의 첫 임무를 시작할 수 있었다. 테라스에 나갔더니 높은 천장에 갈아 끼우지 못한 채 먼지를 뒤집어쓴 전구를 발견했다. 전구를 교환하는 김에 가지고 있던 수건으로 전구의 갓도

깨끗하게 닦았다.

그것을 보던 할머니는 매우 기뻐하며 내게 따뜻한 차를 권했다. 차를 마시는 동안 세상 돌아가는 이야기를 하기 시작했다. 나는 이 무렵에 상대방의 이야기를 경청하는 데 달인이 되어 있었다. 그도 그럴 것이 영어를 잘하지 못하니 맞장구라도 능숙하게 쳐야 했기 때문이다. 미국 사람은 대부분 말하기를 좋아해서 얘기를 들어주는 사람이 매우 드물다.

게다가 동양인 청년이 '당신의 이야기를 잘 듣고 있어요'라는 얼굴을 하고 있으니 모두가 기꺼이 이야기보따리를 풀었다. 그리고 희한하게도 나는 만나는 사람 모두에게 호감을 샀다. 그것은 세상에 자기 말을 열심히 들어주는 사람이 거의 없는 탓이므로 내 인격과는 그다지 관계가 없는 것 같았지만…….

열심히 이야기를 들어주자 만족한 그녀는 답례로 뭔가를 해주고 싶어 하는 눈치였다. 한가한 이유도 있었겠지만, 그녀는 '전구를 천 개 파는 프로젝트'를 꼭 돕고 싶다고 말했다.

"이렇게 근사한 서비스라니! 젊은 양반, 나 말고도 분명 곤란해하는 사람이 이곳에 있을 거예요. 지금부터 함께 팔러 갈까요."

그녀는 졸지에 세일즈 어시스턴트가 되었다. 이 어시스턴트는 무척 유능해서 망설이는 나를 끌고 차례로 벨을 눌러대면서 나 대신 세일즈를 해주었다. 내가 일본에서 온 학생이라는 사실을 설명하고, 갈아 끼울 전구가 필요한지 물어보았다. 없다고 하면 10개 정도 사지 않겠느냐고 말하면서 나 대신 솜씨 좋게 척척 팔기 시작했다. 어두워질 때까지 그 맨션의 50세대분의 전구를 내가 가지고 있던 새 전구로 교체했다.

놀란 건 내 쪽이었다. 어젯밤은 하루 종일 한 개도 팔지 못해 의기소침했는데, 오늘 아침에는 이 친절한 노부인을 만나 순식간에 일의 즐거움을 발견한 것이다. 드디어 헤어질 때가 되자 그녀는 나를 꼭 안아주며 "정말로 훌륭한 젊은이군요"라고 말했고 눈물을 글썽이며 나를 배웅해주었다.

나는 게라 씨의 집으로 차를 몰면서 오늘 하루 동안 일어났던 일을 돌아보았다. 그리고 어르신들이 진심으로 감사해 했던 모습을 떠올리면서 오늘 하루의 기적을 신에게 감사했다.

서비스를 팔면 기쁨을 얻는다

집에 돌아오자 게라 씨는 상냥하게 나를 맞이하면서 "전부 팔았겠지?"라고 장난스러운 얼굴로 물었다.

"내가 옛날에 세일즈 매니저였다는 얘기를 했던가? 우수한 매니저라면 세일즈맨의 얼굴을 봐도 상품을 팔았는지 금세 알 수 있다네. 오늘 자네는 세일즈에 대해 중요한 것을 모두 배운 것 같군. 세일즈는 힘들다고 생각하는 사람이 많지만, 잘 못 파는 세일즈맨만이 그렇게 생각하지.

잘 파는 세일즈맨은 실로 즐거운 인생을 보낸다는 것을 자네도 알았겠지. **물건이나 서비스를 파는 과정에서 다른 사람에게 진심으로 감사와 응원을 받으면 깊은 즐거움을 얻을 수 있다네. 게다가 경제적 풍요로움을 보상으로 얻게 되지.** 그것이 '잘나가는 세일즈맨'의 사이클이라네."

"정말 그렇네요. 이토록 즐거운 체험은 없었습니다. 게다가 돈까지 벌었으니까요."

"잘 이해했군. 자네는 아마도 세일즈의 본질을 단 이틀 만에 배운 것 같군. 이것으로 자네에게도 성공에 필요한 비즈니스의 기술을 알려줄 수 있겠어" 하고 말하며 그는 만족스러운 듯이 웃었다.

"잠깐 보여주고 싶은 것이 있네"라며 게라 씨가 나를 손짓으로 불렀다. 침실의 벽장 안에서 낡은 가방을 꺼내 왔다. 게라 씨는 젊었을 때 다이아몬드를 사고파는 세일즈맨으로 시작했는데 그때 사용했던 가방이라고 했다.

그는 백만장자가 된 지금도 가방에 당시의 샘플을 소중하게 간직하고 있었다. 어디를 가든지 가지고 다니지 않으면 안정되지 않는 것 같았다. 마치 과거의 연인과 헤어지는 듯한 기분인지도 모른다.

"나한테 이것은 단순한 보석 이상의 의미가 있네. 이 안에는 경제적 자립, 성공, 낭만, 꿈이 가득 차 있지. 전쟁이 일어나거나 화재가 나서 전 재산을 잃어도 이 가방 하나만 있으면 다시 일어설 수 있을 것 같네. 지금이라도 젊은 친구들과 세일즈 실력을 겨루어도 지지 않을 자신이 있다네. 사무라이에게 칼이 영혼인 것처럼 내게는 이 가방이 영혼이라고 할 수 있네. 이것만 있으면 전 세계 어디를 가더라도 수년 안에 부자가 될 자신이 있다네." 말을 끝낸 그가 가방을 소중하게 쓰다듬었다.

상당히 독특한 비유였지만 그의 세일즈에 대한 뜨거운 열정을 느낄 수 있었다. 그리고 유대인의 위기의식을 알 수 있었다. 위기일 때를 대비해서 스스로 기술이나 지식을 익힌다는 것은 쓰라린 역사에서 배운 생존을 위한 지혜일 것이다. 그들의 슬픈 역사가 떠오르는 동시에 깊은 감명을 받았다.

"사업에서 성공하기 위해 가장 중요한 것은 세일즈라네." 게라 씨는 말했다.

"세일즈 없이 존속할 수 있는 사업은 없네. 하지만 세일즈는 유감스럽게도 가장 소홀히 여겨지는 분야이기도 하지. 나는 세일즈맨이라는 일이 가장 근사한 일이라며 늘 자랑스럽게 생각한다네. 세일즈 없이 사업에 성공할 수는 없기 때문이야. 진짜 프로 세일즈맨이 되면 무엇이든 팔 수 있다네. 그것이 다이아몬드이든 보험이든 자동차이든 주택이든 상관없네. '물건을 판다'는 행위 자체는 똑같잖나. 그리고 세일즈를 제대로 할 수 있다면 평생 굶을 일은 없을 걸세."

평소와 달리 열정적으로 말하는 그를 보고 세일즈에 대한 애정이 느껴졌다.

"어르신께서는 어릴 적부터 적극적이었습니까?"

"아니, 전혀 반대였네. 어릴 적에는 낯을 심하게 가렸고, 판매를 막 시작했을 땐 하나도 팔지 못해서 곤란을 겪은 적이 많았지. 창피하기도 했고 자신감도 없었지. 내가 뭔가를 팔 수 있다고는 도저히 생각하지 못했네. 어쩌다 사주는 사람이 있으면 내가 오히려 믿을 수 없어 '정말로 사시는 겁니까?' 하고 되물을 정도였지. 하지만 그 이후 자신감이 생겨나 서서히 팔 수 있게 되었네. 그러는 동안 **세일즈를 잘하려면 가장 뛰어난 세일즈맨의 방법을 따라 하는 것이 필요하다는 것을 깨달았지.** 정상에 선 세일즈맨에게 부탁해서 한동안 그 사람의 현장에 동행했네. 그가 하는 방법을 내 나름으로 정리해서 직접 따라 해보았지. 어땠을 것 같은가? 나는 순식간에 최고의 실적을 올렸네.

그때부터 신이 나서 여러 세일즈 기술을 연구하며 실력을 키

웠지. 얼마 지나 부하직원을 고용하고 나의 세일즈 기술을 가르쳤어. 이 노하우는 나중에 부하가 독립했을 때 크게 도움이 되었네. 그 시절에 통용되던 기술이 지금도 100퍼센트 통하지. 그것은 인간의 심리는 동서고금을 막론하고 같기 때문이야. 일본인이든 미국인이든 공통되는 인간의 심리지. 여기에 문화적인 차이를 다소 이해한다면 바로 무엇이든 팔 수 있다네."

행동심리학을 이해하면 팔리는 이유를 알 수 있다

"사회는 사람으로 구성되어 있지. 인간이 어떤 생물인지를 이해하는 것은 사회가 어떻게 구성되어 있는지를 아는 것과 마찬가지로 중요하지. **자네가 가장 먼저 알아야 할 것은 '인간은 왜 어떤 방식으로 움직이는가'이네.** 이를 행동심리학이라고 하는데, 사람이 왜 그런 행동을 하는지 자세히 분석하는 분야지."

"사람이 그렇게 단순한가요?"

"나도 처음에는 그렇게 생각했어. 하지만 세일즈에 관해서만은 단순하네. 일정한 행동 양식을 보이지. 마치 속는 게 아닐까 싶을 정도로 잘 팔리네. 자네도 실제로 뭔가를 팔아보면 금방 이해할 걸세.

이런 행동심리학을 배우면 자네는 두 가지를 할 수 있네. 첫째는 자신에게 동기부여 하는 일, 둘째는 타인을 동기부여 하는 일. 이 두 가지를 할 수 있다면 자네는 남보다 10배 빨리 성공할 수 있을 걸세"

성공한 사람의 리듬을 손에 넣는다

"자네가 알아야만 할 분야가 하나 더 있네. 구매심리학이라는 분야인데, 사업에서 성공하려면 두 가지만 하면 되네. 새로운 고객을 찾고, 그 고객을 놓치지 않는 것. **최고의 세일즈란 한 번 물건을 산 고객이 계속 사게 만드는 것이네.**

내게서 다이아몬드를 산 고객은 모두 다른 가게에서는 사지 않았네. 그리고 그들의 친구를 많이 소개해주었지. 그렇게 고객이 계속 늘어나 어렵지 않게 가난한 생활에서 벗어날 수 있었네. 나중에는 고객들이 줄을 지어 올 정도로 찾아왔지.

최고의 세일즈맨은 판매를 일절 하지 않는다네. 일단, 팔리는 사이클이 만들어지면 고객이 줄을 지어 찾아와 물건을 사주기 때문이네. 그저 자네는 미소를 지으며 고맙다고 말하면 되지. 가장 힘든 일은 최초의 고객을 만드는 일이라네. 일단 이런 시스템

부자에게 고용되는 쪽이 되고 싶다면

MBA를 하러 가고,

부자가 되고 싶다면 세일즈를 배워라.

당신은 어느 쪽이 되고 싶은가?

이 가동되면 자네는 아무것도 하지 않아도 되네.

사업 성공은 자네가 생각하는 것만큼 어렵지 않아. 나는 오히려 실패하는 쪽이 더 어렵다네. 사실 영원히 신규 고객만 개척한다면 나 역시 스트레스로 죽고 말 걸세. 일단 정상에 한번 오르면 나중에는 그렇게 힘들지 않아. 중요한 것은 폭발적인 순발력이네. 이는 **내려가는 에스컬레이터를 단번에 뛰어 올라갈 열정과 힘을 말하네.** 내려가는 에스컬레이터와 같은 속도로 올라간다고 해도 위로는 전혀 나아가지 못하지.

보통 사람은 성공한 사람의 속도로 올라가면 몸이 견뎌내지 못할 거라고 생각하네. 하지만 성공한 사람은 실패한 사람처럼 오랫동안 올라가지 않네. 성공한 사람은 위에서 느긋하게 쉬고 있는데 아래에서는 이를 못 보네. 이것이 성공과 실패의 분기점이네."

"과연 그렇군요. 한번 성공의 사이클을 타버리면 이후에는 순조롭게 진행되는군요."

"맞네, 성공한 사람의 리듬으로 살아갈 수 있는가 아닌가 하는 차이뿐이네. 사람은 왜 물건을 사는가에 대해서는 많은 연구 결과가 있지. 1900년 무렵부터 방대한 연구가 이루어졌네. 그것을 배우면 누구라도 최고의 세일즈맨이 될 수 있어. 나도 젊었을 때는 팔고 싶은 것은 무엇이든 팔 수 있었다네. 그것을 부하직원에게 가르쳐주어서 부하도 계속 팔 수 있게 되었지. 세일즈의 달인이 되면 자네는 틀림없이 백만장자가 될 것이네. 나머지는 시간 문제지. 경영학 석사^{MBA}학위를 따려고 쓸데없이 돈을 낭비하기보다 세일즈를 배우는 게 훨씬 도움이 될 걸세.

나는 세일즈를 모르면 어떤 훌륭한 경영이론도 전혀 효과가 없다고 생각하네. 첫 번째로 내 주변의 부자들은 대학을 나온 사람이 적어. 하지만 그들이 고용한 변호사나 회계사는 모두 다양한 학위를 가지고 있지. 자네는 어느 쪽이 되고 싶은가. 부자한테 고용되는 쪽이 되고 싶다면 MBA를 하러 가게나. 하지만 부자가 되고 싶다면 세일즈를 배우게."

과연 세일즈의 달인이었다. 나는 아무 대답도 할 수 없었다.

"세일즈의 비결은 무엇입니까?" 나는 겨우 물어보았다.

"거듭 반복하지만, 핵심은 감정이네. 감정이 없는 최고의 세일즈맨은 없다네. 말을 잘하든 못하든 상관없지만, **감정 없는 사람이 성공하기란 어렵네. 그 사람 내면에 끓어오르는 열정의 불꽃이 없으면 소용이 없다네.** 왜냐하면 사람은 감정적으로 다른 사람에게 영향을 잘 받기 때문이라네. 어떤 일이라도 전력을 다해야 하네. 그러면 분명 그것을 알아봐 주는 사람이 나타나게 마련이지."

성공하는 세일즈의 5가지 원칙

1. 무슨 일이 있어도 팔 수 있다고 생각하라

물건을 팔려면 먼저 당연히 팔려야 한다고 생각한다. 멋진 상품이라면 틀림없이 날개 달린 듯 팔릴 것이라는 상상을 한다. 시간이 있다면 자신이 세일즈를 하는 장면을 머릿속으로 상상해본다. 고객이 기꺼이 다가오는 모습을 상상하고 마치 현실처럼 느껴질 때까지 반복한다.

2. 신뢰받는 사람이 돼라

사람은 물건 사는 것을 좋아하지만 억지로 강매당하는 것은 싫어한다. 그러니 세일즈 얘기를 하기 전에 상대에게 먼저 신뢰를 얻어야 한다. 가장 간단한 방법은 평소에 신뢰를 얻을 수 있는 인생을 사는 것이다. 평소 속이며 사는 사람이 어느 날 갑자기 신뢰를 얻을 수는 없다.

3. 스토리를 만들고 감정에 호소하라

스피치할 때도 그렇듯이 이미지를 그릴 수 있는 생생한 대화법을 사용해야 한다. 그리고 상품이나 서비스에 대한 뜨거운 마음이 상대에게 전염될 정도로 자신도 감정의 덩어리가 될 필요가 있다. 다만, 감정적으로 되어서는 안 된다. 조금 절제된 정도의 흥분 상태가 적당하다. 상대의 인생이 지금 파는 상품이나 서비스로 어떻게 바뀔지를 열심히 성의 있게 전한다. 그러면 상대에게 그 열의가 전해져 그것을 사고 싶은 기분이 든다.

4. 상품과 서비스에 대한 완벽한 지식을 갖추어라

취급하는 상품과 서비스에 대해 완벽할 정도로 잘 알고 있어야 한다. 고객이 던질 수 있는 질문을 모두 생각해서 전부 머릿속에 넣어둬야 한다. 그렇게 하지 않으면 세일즈에서 성공할 수 없다. 어떤 질문을 받고 답을 하지 못한 채 당황해버리면 얘기는 그것으로 끝나기 때문이다.

5. 확실하게 일을 마무리하는 기술을 익혀라

아무리 설명이 능숙해도 매듭을 짓지 못하면 세일즈가 끝나지 않는다. 계약서에 사인을 받기 전까지는 끝난 게 아니다. 여러 가지 기법을 배우고 익혀야 한다.

평소 하는 말이
미래를 만든다

The millonaire's
Philosophy for
happy life

어느 일요일, 우리는 게라 씨 지인의 결혼식에 가게 되었다. 유머러스한 축사, 지루한 축사, 말이 빨라서 본인도 무슨 말을 하는지 모르는 축사가 이어졌다. 그리고 드디어 게라 씨의 차례가 왔다. 그가 일어서자 들썩이던 결혼식장이 잠잠해졌다.

식장이 완전히 조용해진 것을 확인한 뒤 그는 천천히 이야기를 시작했다. 그의 첫 에피소드에 식장이 와 하며 들끓었다. 그 뒤로는 하객 모두가 끌리듯이 그가 하는 말에 귀를 기울였다. 어떤 에피소드에서는 식장의 여성들과 몇몇 남성들이 눈물을 글썽거렸다. 하지만 곧바로 폭소의 도가니가 되어 눈앞의 남성은 빨개진 눈으로 콧물까지 흘리며 포복절도하여 의자에서 떨어질 뻔했다.

자신의 감정을 사람들과 공유한다

나는 게라 씨가 이렇게 연설을 잘하리라곤 생각하지 못했다. 나 또한 숱하게 연설을 해왔기에 미국 사람들이 스피치를 가르쳐달라고 부탁할 정도였지만 나와 수준이 전혀 달랐다.

결혼식장에서 돌아오는 차 안에서 나는 말을 꺼냈다.

"정말 대단하세요. 그렇게 연설을 잘하실 줄 몰랐습니다."

"성공한 사람은 모두 연설을 잘하네. 자기 생각을 상대에게 전달하는 능력이 뛰어나지. 자신이 생각하고 있는 것을 제대로 전달하지 못하면 성공하기 어렵다네. **커뮤니케이션 능력을 높이는 것이 성공에 이르는 지름길이지.** 경영진은 스피치하는 재능을 갈고닦아야 하네. 이야기를 잘하지 못해도 상관없네. 내용이 정연하지 않아도 괜찮네. 그런 것보다는 사람의 마음을 움직이는 스피치를 하는 것이 훨씬 중요하다네. 나도 시간을 들여 배운 것이네."

"어떤 스피치가 좋은 스피치입니까?"

"훌륭한 스피치는 그 사람의 온몸에서 에너지가 뿜어져 나온다네. 자신이 느끼는 감정을 있는 그대로 눈앞에 있는 사람들과 나눌 수 있다면 그것이 최고의 스피치라고 할 수 있지. 과장해서 말하면, 자네의 영혼 일부를 나누어 가지듯이 말하는 것이라네.

'인생에서 말하기는 이것이 마지막이다' 하는 마음가짐으로 조용하지만 힘 있게 말하게. 훌륭한 스피치는 다른 사람의 인생을 바꾸는 힘이 있네."

"스피치라고 하면 막힘없이 말하는 것이 이상적이라는 느낌이 드는데, 어떻습니까?"

"오늘 결혼식을 한번 떠올려보게. 앞쪽에 앉아 있던 남자가 아주 유창하게 말했지? 그다음 백발노인이 감정을 한껏 억누르듯 떠듬떠듬 말했고. 어느 쪽이 감동적이었다고 생각하나? 매끄럽게 이야기하는 것만이 능사는 아니라네."

"확실히 그렇네요. 백발노인이 무슨 말을 하는지 정확히 몰랐지만, 이상하게도 깊은 감동을 받았습니다. 옆자리에 앉은 부인은 눈물까지 흘렸는 걸요."

"그렇다네. **커뮤니케이션의 핵심은 감정이지.** 우선 자신이 무엇을 느끼고 있는지를 파악하여 그것을 적확하게 전달하는 사람이 최고의 커뮤니케이션 달인이네.

스피치의 천재가 되어야 하네. 어디에 가더라도 자신이 생각하는 바를 1분 안에 분명하고 명쾌하게 감정에 호소하여 이야기할 수 있도록 준비하게나. 비즈니스와 그다지 관계가 없는 듯하지만 실제로 비즈니스의 기술 면에서 가장 중요한 점이네. 자네는 스피치의 중요성을 잘 아는 것 같으니 실력이 빨리 향상될 걸세."

"어떤 점에 주의하면 스피치를 잘할 수 있게 될까요?"

"무엇보다 자기 생각을 종이에 써보게. 자신이 무엇을 생각하고, 무엇을 느끼고 있는지를 종이에 내뱉듯이 말이지. 잘 써야겠다고 생각하지 말고 아이디어가 떠오르면 바로바로 적어두게. 그러면 자신이 무슨 생각을 하는지 잘 파악할 수 있다네.

입을 열 때는 진실만을 말하도록 하게. 적당하게 얼버무려서는 안 되네. 마음에 없는 말은 절대로 해서는 안 되지. 진실을 말하지 않으면 자네가 하는 말의 힘이 사라져버리기 때문이네."

평소 하는 말이 운명을 만든다

"젊은 시절 나는 성공한 사람들을 만나 그들의 성공 비결을 물어보고 다녔네. 그때 재미있는 사실을 깨달았지. 그들의 대화에 등장하는 어휘가 내 주변의 친구들과는 다르다는 거였네. 그들이 아침에 일어나 밤에 잠들 때까지 하는 말을 비서가 모두 적어보면 공장에서 일하는 사람들이 쓰는 말과 완전히 다르다는 것을 알 걸세. 그리고 성공한 사람들과 이야기해보니 그들이 말하는 단어에는 특유의 리듬이 있었네. 그 리듬을 흉내 내다 보니 성공한 사람의 리듬이 내 몸에 스며드는 것을 느꼈네."

"성공한 사람과 보통 사람은 대화의 내용과 방법이 다르다는 것이군요."

"그렇다네. **자신이 하는 말에 주의를 기울이게.** 평상시 자네가 하는 말이 미래를 결정한다네. 자네가 다른 사람의 험담, 부정적인 것, 가십을 말하면 자네의 앞날은 그 같은 부정적인 것으로 채워지네. 자네가 기쁨, 희망, 비전, 풍요로움을 말하면 자네의 인생은 즐거움과 풍요로움으로 가득 찰 걸세.

아침부터 밤까지 자기가 하는 말을 종이에 써보면 도움이 되네. 그것이 다른 사람을 격려하고 상대방의 가능성을 넓혀주는 말인지, 아니면 타인의 발목을 잡거나 자신을 깎아내리는 말인지 살펴보게.

성공하는 사람은 평소 말하는 단어에 배려, 비전, 사랑, 우정, 감사가 가득 차 있다네. 자네의 장래는 현재 자네가 하는 말이 만들어가네. 평소에 아무 생각 없이 하는 말이 자네의 운명을 만들고 있다는 사실을 꼭 명심하게."

인맥은 언제나
중요한 자산

*The millonaire's
Philosophy for
happy life*

어느 날 밤, 플로리다에 사는 사업가의 초대를 받아 게라 씨와 함께 파티에 참석했다. 그곳에는 보기만 해도 거물 같은 분위기를 풍기는 사람, 심부름꾼 같은 사람, 분위기에 어울리지 않는 수상쩍은 사람 등 다양한 부류의 사람들이 모여 있었다. 파티장을 둘러보더니 게라 씨가 작은 소리로 물었다.

"인맥을 만드는 관점에서 볼 때 이 파티에서 누가 '키 퍼슨key person'이라고 생각하나?"

"키 퍼슨이 무슨 뜻입니까?"

"중요 인물 말이야, 열쇠가 되는 사람을 뜻하지."

"그렇다면 저쪽에 있는 풍채 좋은 신사일 것 같은데요?" 파티장에서도 유난히 눈에 띄는 고급 슈트를 입고 어떻게 보아도 성공한 사람의 외관을 갖춘 한 남자를 가리키며 말했다. 그를 에워싸듯이 많은 사람이 칵테일을 들고 순서를 기다리는 것 같았다.

"그렇게 볼 수도 있겠군. 많은 사람에게 둘러싸여 있으니. 하지만 이 파티에서 키 퍼슨은 그 옆의 마른 남자라네."

"예? 저 남자 말입니까?"

성공한 사람 같은 분위기의 남자 옆에 마르고 변변치 않아 보이는 한 남자가 있었다.

나보다 성공한 사람과 사귀어라

"많은 사람이 신사를 보고 중심인물이라고 생각하기 쉽지. 분명 성공을 하긴 했지. 하지만 자네가 알아야 할 사람은 그 옆 사람이네. 잘 살펴보게. 그는 여러 사람을 소개하고 있지 않나. 그는 참석한 모두를 알고 있어서 연결을 해주고 있네. 그와 같은 사람을 '커넥터'라고 부르지. 그와 아는 사이가 되면, 이 파티에 참석한 모든 사람과 인사를 나눌 수 있지. 자네가 말한 성공한 사람과 아는 사이가 되어도 이렇다 할 이득은 없네. 기껏해야 자기 자랑만 듣게 될 것이 뻔한 결말이거든."

분명 관찰해보니 마른 남자는 파티 한가운데서 여러 사람을 소개해주고 있었다.

"인맥을 생각할 때 기억해야 하는 점은, 사람은 비슷한 무리

끼리 그룹을 만들고 싶어 하는 경향이 있다는 사실이네. 자신과 비슷한 무리와 사귀고 싶어 하지. 이 파티장을 잘 살펴보게. 어느 사이엔가 여러 개의 그룹이 만들어져 있네. 그들은 서로가 내뿜는 체취를 미묘하게 알아채서 비슷한 사람끼리 모여 있는 것이네. 잘 보면 대개 비슷한 사회계층, 직업, 수입 수준인 사람이 무리를 지어 있지.

재미있는 것은 인맥에도 레벨이 있다는 사실일세. 메이저리그, 마이너리그, 아마추어로 확실히 층이 이루어져 있어. 누구한테 소개를 받는가 하는 것으로도 인상이 완전히 달라져. 성공하고 싶다면 조금 나보다 위에 있는 사람과 사귀어야 하네. 그들에게 따돌림당하지 않도록 노력하게 되고 그들과 어울리는 능력이 생긴다네. 그렇게 되면 성공에 한층 가까워지지."

좋은 인맥이 성공에 불가결한 이유

"남보다 빨리 성공하는 사람을 보면 인간관계의 힘을 능숙하게 활용한다네. 좋은 기회와 정보, 돈은 대개 사람을 통해 찾아오네. 주변 사람들에게 신뢰할 수 있는 사람이라는 평가를 받으면 이미 자네는 반쯤 성공의 길에 와 있는 것과 마찬가지네.

사귀는 사람의 대부분을 내 편으로 만들 수 있다면 자네의 성공은 몇 배나 빨라질 걸세. 보통 사람은 대개 아는 사람이 200명에서 300명 가까이 있네. 친척과 친구, 학창 시절의 친구, 비즈니스의 거래처 등이지. 그러나 대부분은 다른 사람과의 교류를 그다지 중요하게 여기지 않네. 그것은 지금부터 내가 말하려는 점을 모르기 때문이지."

게라 씨가 하는 이야기는 늘 신선했다. 가끔 냅킨에 써주는 도표는 깜짝 놀랄 만한 내용이었다. 그는 그다지 잘 그리지는 않지만 득의양양하게 그림을 그리며 설명했다.

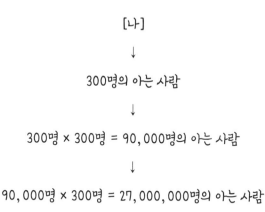

[나]

↓

300명의 아는 사람

↓

300명 × 300명 = 90,000명의 아는 사람

↓

90,000명 × 300명 = 27,000,000명의 아는 사람

"자네 주변의 300명에게, 자네와 마찬가지로 300명의 지인이 있다고 생각해보게. 자네는 간접적으로는 9만 명의 사람과 이어

져 있네. 그 9만 명에게 또 300명이 있다고 해보게. 몇 명인지 계산할 수 있겠나?"

"음, 2,700만 명인가요?"

"그렇지. 상상해보게. 자네 지인의 지인은 9만 명이 있어. 그 사람과 알게 되면 2,700만 명과도 알게 된다는 뜻이지. 그러므로 맨 처음의 300명과 좋은 관계를 맺으면 적어도 9만 명의 사람과 이어지게 되네.

예를 들어 자네가 우수한 치과 의사라고 해보세. 사람들은 왠지 늘 실력 있는 치과 의사를 찾네. 만약 자네가 맨 처음의 100명에게 만족스러운 서비스를 제공할 수 있다면 3만 명의 잠재 고객을 얻게 되네. 그 100명에게 누군가가 '실력 좋은 치과 의사가 없을까?' 하고 물으면 그들은 자네의 이름을 생각해내겠지. 그렇게 해서 고객이 새로운 고객을 데리고 온다면 자네는 평생 고객과 돈으로 고민할 일은 없을 거야.

이것이 입소문의 힘이라네. **교류하는 사람이 자네를 지지하면, 순식간에 성공한 사람의 세계로 끌어올려주는 것이네.**"

"정말, 그런 것은 생각해보지도 못했습니다."

"나는 젊었을 때 성공한 사람을 만나는 동안 재미있는 사실을 발견했네. 그들은 사람을 매우 중요시한다는 것이네. 나처럼 보잘것없는 사람에게 기꺼이 상담해주고, 자신의 인맥 안에서 최적인 사람을 소개해주었어. 이후에도 계속 친절하게 지켜보며 마치 내가 그들에게 중요한 거래처인 것 같은 느낌을 받았다네.

그렇게까지 신경 써주었기 때문에 언젠가 반드시 어떤 형태로든 보답해야겠다는 생각이 강하게 들었지. 그들은 전혀 보답을 바라지 않고 '다만 젊은이를 도와주고 싶었을 뿐이었네'라고 말했지만. 그것이 그들이 살아가는 방식이라네. 그들이 가장 소중히 여기는 것은 **'신뢰받은 인간이 된다'**는 점이라는 것을 깨달았네.”

사람을 대하는 마음가짐

“사람을 사귈 때 가장 중요한 점은 자네가 대하는 모든 사람이 풍요롭고 행복하기를 바라는 것이네. 누군가 새로운 사람을 만난다고 해보세. 그러면 자네는 마음속으로 중얼거리는 거야. '이 사람과 만나서 나는 얼마나 행복한가. 이 사람에게 많은 행복과 많은 풍요로움이 눈처럼 찾아오기를' 하고 기원하며 그 사람에게 미소를 지어 보이는 거지.

그리고 마지막에 그 사람과 헤어질 때도 똑같이 빌어주게. 이것이 인간관계에서 가장 중요한 점이네. 이 같은 태도로 모든 사람을 대할 수 있으면, 자네는 틀림없이 누구로부터도 사랑받는 사람이 될 걸세."

"그렇군요. 어르신도 언제나 그런 식으로 사람을 만나고 계십니까?"

"물론이지. 나를 스쳐간 모든 사람이 행복하고 풍족해진다는 것은 최고라는 생각이 들지 않나? 또한 그 같은 사람이 됐다는 사실에 진심으로 감사하고 있다네."

"감사한다는 것은 신에게도 감사한다는 것입니까? 저는 딱히 특정 신을 믿지는 않습니다만."

"감사만 할 수 있다면 어떤 신이든 상관없네. 중요한 것은 자네가 감사하는가, 아닌가 하는 것이지. '정말로 고맙고, 근사하다'고 생각하는 것이 감사하는 마음이지. 특정 누군가에게 해야 하는 것은 아니라네. 물론 신에게 감사해도 상관없네, 사람과 대화를 하거나 사업을 할 때 늘 상대방의 입장에서 생각해보게. 무슨 말이냐면 자네 자신과 상대와 제삼자가 어떻게 생각할지를 모두 고려해서 일을 추진하라는 뜻이네.

상대에게 이점이 되는 것, 자신에게 이점이 되는 것, 그리고 제삼자에게도 이점이 되는 것을 생각하면서 모든 행동을 결정하도록 하게. 그렇게 할 수 있으면, 무슨 일을 하든 성공할 수 있네. 그리고 자네는 '이 사람과 교류하면 성공한다'라는 고마운 명예도

손에 넣게 될 걸세. 인생은 그렇게 살아가는 것일세."

분명 게라 씨의 일상생활을 봐도 그는 사람을 무척 소중히 여겼다. 가사 도우미인 마리아 씨, 집사 겸 운전기사인 스티브 씨를 가족과 다름없이 대했다. 그들도 아버지를 따르듯이 게라 씨를 대했다. 대하는 모든 사람을 매료시켜버리는 그의 인간성에 나는 감탄했다. 단순히 존경만이 아니라 친밀감, 우정, 애정, 경외감, 다양한 감정이 섞여 있는 것 같았다. 할아버지뻘 되는 노인에게 나도 혈육 이상의 애정을 느끼고 있음이 분명했다.

우정은 인생에서 가장 중요한 자산

"좋은 인맥을 만드는 것은 인생의 행복과 성공에 필요한 것이네. 자네의 인맥 리스트에 얼마나 많은 유력 인사가 있는지에 따라 자네의 성공이 달려 있지. 인맥이란 자네가 무리한 부탁을 할 수 있는 친구를 뜻하네.

예를 들어 자네가 한밤중에 전화를 걸어 무리한 부탁을 말할 수 있는 친구가 몇 명 있는지가 인맥이지. 나이는 상관없네. 그 사람과 관계가 깊으면 인맥으로서의 가치는 높아진다네. 마음이 서로 통한 동료가 얼마나 많은가에 따라 자네가 성공하는 속도

사람을 사귈 때 가장 중요한 점은

나를 만나는 모든 사람이

풍요롭고 행복하기를 바라는 것이다.

가 달라진다네.

다양한 부류의 사람들과 친구가 되게. 그들은 자네의 인생을 풍요롭고 즐겁게 해줄 걸세."

"어떻게 인맥을 만들면 좋습니까?"

"자네는 충분히 잘하고 있다고 생각하네. 예를 들어 자원봉사 단체에 가입하는 것도 하나의 방법이지. 그러면 평소 만나지 못하는 각 분야 최고의 사람들과 만날 수 있겠지. 그 사람들과 대등하게 그리고 예의 바르게 사귀도록 하게나. 그러면 자네는 틀림없이 성공할 걸세.

성공한 사람은 커뮤니티와 사회에 환원하려는 데 남다른 열정이 있네. 자원봉사 단체의 일원으로 있으면 그들은 자네를 동료라고 인식하지. 그들은 그렇지 않아도 젊은 사람을 돕는 것을 좋아하네. 거기에 자네가 예의 바르게 등장하면 되네. 그런 곳에서는 몸을 낮추는 세일즈맨처럼 행동해서는 안 되네. 어디까지 자신의 존엄을 지키며 교제를 하게나. 그러면 상대에 따라 태도를 바꾸지 않는 자네 본연의 모습에 그들은 자네를 훌륭한 사람이라고 생각하게 되지.

그때부터는 자네 하기 나름이네. **지위가 높은 사람에게는 마치 지위가 낮은 것처럼 대하게. 그리고 지위가 낮은 사람에게는 마치 그 사람이 지위 높은 사람인 듯 대하게.** 그렇게 하면 두 쪽 모두 자네를 놀라운 눈으로 바라볼 것이네.

그들은 그 같은 대접을 받아본 적이 없기 때문이지. 그리고 모두 자네에게 감사하며 호의를 갖게 될 걸세. 지위가 높은 사람은 사실은 보통 사람처럼 대접받고 싶고, 지위가 낮은 사람은 지위가 높은 사람처럼 대접받고 싶어 하는 법이니까.

물론 네트워크를 만든다고 해서 곧장 이익으로 이어지는 것은 아니네. 하지만 인맥은 밀물과 같아서 자네도 모르는 사이에 단숨에 높은 곳으로 데려갈 수도 있네. 다양한 모임에 얼굴을 내밀게. 그리고 자기보다 훨씬 뛰어난 사람들과 사귀게. 그러면 자네도 자연스럽게 그들과 비슷해질 것이네."

"인간관계가 아주 중요하다고 계속 강조하는 것은 특별히 사업에서 성공하기 위해서만은 아니네. **이해관계를 뛰어넘은 우정은 인생에서 가장 중요한 자산이라네.** 모든 것을 팽개쳐도 소중히 느껴지는 친구가 있다면, 자네는 행복하다고 할 수 있네. 만약 자네가 그 같은 사람이라면 같은 생각을 하는 친구가 주변에 많이 있을 것이네."

"알겠습니다. 기억하겠습니다."

돈의 법칙을
배워라

*The millonaire's
Philosophy for
happy life*

어느 날 게라 씨가 은행에 볼일이 있다고 해서 함께 갔다. 은행에 도착하니 지점장이 뛰어나와 응접실로 안내했다. 게라 씨는 그들이 떠나고 나와 둘만 남게 되자 이야기를 시작했다.

"잘 봐두게. **은행은 돈과의 관계를 가장 잘 보여주는 곳이니까.**"

게라 씨가 말하면서 창밖으로 보이는 창구 계산대로 가는 사람들을 가리켰다.

"가장 안쪽의 남자를 보게. 그는 돈을 빌리러 왔을 것일세. 창구 직원에게 열심히 '부탁합니다, 부탁합니다'라고 말하고 있네. 그는 꽤 돈이 급한 것 같군. 또 그 옆의 여성을 보게. 그녀는 수표 문제가 해결되지 않았다고 불평하고 있네. 매월 돈 관리를 잘못해서 상당히 스트레스를 받는 것 같네. 그 옆 남자는 주급으로 받은 수표를 예금하러 온 모양이군.

그들의 모습을 보면, 돈과의 관계를 잘 알 수 있지. **돈과 사귀는 방법에는 두 가지밖에 없네. 돈의 주인이 되거나, 노예가 되거나.** 유감스럽지만 현대의 자본주의 사회에서는 그 중간은 존재할 수 없네."

용무를 마치고 떠나려고 하자 지점장이 게라 씨에게 매달리듯 말했다.

"필요하시다면 언제라도 융자를 해드릴 수 있습니다."

게라 씨가 "돈이 충분히 있는데 왜 빌리겠나?"라며 싱긋 웃자 지점장은 "아, 그러시군요"라며 아부하듯 미소를 띠었다.

돌아오는 차 안에서 게라 씨는 말했다.

"세상은 아이러니하다네. 저 지점장은 대출 창구에 있던 아까 그 남자에게는 절대로 빌려줄 수 없다고 하면서도 나한테는 얼마라도 빌려주고 싶다고 말하지. 원래 은행은 그런 곳이네. 맑은 날에 우선을 빌려주러 오고 비가 내리면 우산을 빼앗으러 온다네."

나는 게라 씨가 하는 말에 귀를 기울이면서 은행에서 돈을 통해 엿본 인생의 한 장면을 생각하며 감회에 잠겼다. 집에 돌아오자 게라 씨는 테라스로 가서 좀 전의 강의를 계속했다.

"돈에는 법칙이 있네. 유감스럽게도 대부분의 보통 사람은 그 법칙의 존재조차 믿으려 하지 않지. 돈에는 엄연한 규칙이 있네.

그것은 테니스나 농구, 야구에 규칙이 있는 것과 같네. 재미있는 점은, 학교에서는 돈에 대한 규칙을 일절 가르치지 않는다는 거야. 사회, 수학처럼 사회에 나갔을 때 그다지 도움 되지 않는 것은 커리큘럼을 만들어 12년이나 충분히 가르치면서, 돈에 관해서는 1시간도 할애하지 않는 것은 왜 그렇다고 생각하나?"

돈의 감각을 기른다

게라 씨는 내 대답을 기다리지 않고 강의를 계속했다.

"많은 사람은 돈을 이성으로 생각하려 한다네. 그러나 실제 행동은 대부분 감정으로 결정한다네. 이 차이를 몰라서 많은 사람이 부자가 될 수 없네. 돈의 법칙에는 두 가지가 있네. 돈의 지성적인 측면과 감성적인 측면. 이 두 가지를 균형 있게 높여야만 행복한 부자가 될 수 있네."

"돈의 지성과 돈의 감성이라니, 대체 무슨 뜻입니까?"

"돈의 지성이란 돈에 관한 지식을 말하네. 그것은 돈을 버는 방법이거나 쓰는 법이거나 투자법이거나 혹은 지키는 법이기도 하지. **돈의 감성이란 얼마나 건강하게 돈과 관계를 맺는가 하는 것이네.** 이 감성적인 측면을 배우지 않으면 언제까지고 돈에 대한 불안에 시달리는 인생이 되고 말지."

"부자가 되어도 돈에 대한 불안이 항상 따라다닌다고요?"

"물론이네. 그도 그럴 것이 돈은 많으면 많을수록 걱정의 원인이 되기도 하기 때문이네. 돈이 없을 때는 몰랐던 걱정거리도 부자가 되면 나타나기 때문이지." 그는 웃으며 말했다.

돈의 법칙

"오늘은 돈의 법칙을 알려주겠네."

점심을 먹은 후 게라 씨는 무척 기분 좋게 말했다. 돈은 게라 씨가 아주 좋아하는 화제인 듯했다. 그가 돈에 관한 이야기를 즐겁게 하는 것만 봐도 돈도 그를 좋아하겠구나 하는 생각이 들 정도였다. 나는 드디어 '본격적인 이야기가 시작되는구나'라고 기대하며 기다렸다.

"왜 부자보다 돈과 인연이 없는 사람이 더 많은지 아는가?"

"그것은 부자가 되는 재능을 가진 사람이 적기 때문이 아닐까요?"

"부자가 되려면 많은 것이 필요하다네. 돈을 벌려면 지성, 용기, 행동력, 세심함, 인간적 매력, 운 등 여러 가지가 필요하지. 하지만 돈을 쓰는 데는 아무것도 필요 없네. 게다가 세상은 돈을 쓰게 하는 시스템과 술책으로 가득하네. 사기를 쳐서 자네의 돈을 노리는 자부터 TV 광고와 백화점의 상품 진열 등으로 돈을 쓰게 하는 유혹이 무수히 존재하지. 쇼핑을 좋아하는 여성은 그 함정에 스스로 기꺼이 빠져 지갑을 열어버리네.

시험 삼아 길을 걷고 있는 사람에게 '당신은 1만 달러를 쓰는 것과 버는 것 가운데 어느 쪽이 쉽다고 생각하나요?'라고 물어보게. 이 질문을 통해 버는 쪽을 잘하는 사람과 쓰는 것을 잘하는 사람의 비율을 알게 될 걸세.”

돈 때문에 생겨나는 희극과 비극

그는 젊었을 때 돈에 대한 관념을 바꿈으로써 차차 부자가 됐다고 말했다.

“대부분 사람이 돈을 갖고 싶어 하지. 그렇지만 동시에 무의식에서는 원하지 않는다고 생각하네. 나는 이것이 돈에 관한 희극과 비극을 낳는다고 보네. 그것은 액셀러레이터를 밟으면서 브레이크를 밟는 것과 같은 것이지. 돈을 원한다는 점은 모든 사람이 의식하고 있네. 자네도 그렇지 않은가?”

“물론입니다. 저는 아무리 해도 브레이크를 걸고 있다고는 생각할 수 없습니다.”

“대부분 사람은 어릴 때 돈에 관해 부정적인 경험을 많이 하네. 대부분이 어릴 적 부모나 할아버지, 할머니가 돈 문제로 싸우는 모습을 보았을 걸세. 성장하면서도 형제(자매)가 싸우거나 했을 거야. 형제자매나 사이가 좋은 친구가 장난감을 선물 받을 때 자기는 받지 못했던 경험이 누구라도 있겠지. 일반적인 부모는 돈을 근사한 것으로 보기보다 성가신 것, 써서는 안 되는 것으로 교육한다네. 돈에 대해서 긍정적인 얘기를 들으며 자라온 사람은 매우 적을 것이네."

"흠, 그런 것 같습니다."

"미국에서는 흔히 '돈은 나무에서 그냥 열리는 것이 아니다'라는 전형적인 관용구가 있네. 대부분이 어린 시절에 돈을 함부로 쓰면 안 된다거나 쓸데없는 곳에 돈을 쓰면 바보가 틀림없다고 야단맞으며 컸을 것이네. 또 돈이 부족하거나 돈벌이가 나쁘거나 지출이 늘었거나 하는 일로 가족이 싸우는 것을 봤을 것이네. 부부 사이가 틀어지는 대부분 원인도 돈 때문이지.

그 같은 가정에서 자란 아이는 돈을 뭐라고 생각할 것 같은가? 부부가 싸우는 장면을 아이가 보았다면 돈이란 사랑하는 사람을 서로 헐뜯게 할 정도로 강한 힘이 있으며 싸움의 원인으로만 보게 되지 않겠나? 동시에 **'돈만 있으면 행복해질 수 있는데……'라고 생각할 것이네.** 그렇게 아이 때부터 무의식중에 돈에 여러 가지 의미를 부여해버리고 만다네. 낭비해서는 안 되는 것, 잘못 사용했다며 부모한테 혼나게 만드는 골칫거리, 사용하

돈의 법칙에는

지성적 측면과 감성적 측면, 두 가지가 있다.

즉, 돈 버는 방법도 알아야 하지만

돈과 관계도 잘 맺어야 행복한 부자가 된다.

는 법에 따라서는 가족이 크게 싸우는 원인이 되는 것. 이렇게 생각을 하지.

자식들끼리도 돈에 관해 창피하고 후회스러운 경험을 자주 하지. 그리고 평균적으로 어른이 될 때까지 본래 단순한 도구였던 돈에 여러 가지 의미를 붙이게 되지. 물론 그 대부분이 부정적인 것이라네.

그러므로 많은 사람은 돈을 원하면서도 돈을 성가시게 생각한다거나, 두려워한다네. 자신이 도저히 통제할 수 없는 힘을 돈이 가지고 있다고 생각하기 때문이네. 이 힘의 본질을 이해하고 그것을 통제하지 못하면 행복한 부자가 될 수 없다네. 돈만 좇는 졸부는 될 수 있을지는 몰라도 말일세. 돈에 대해 이처럼 감정적으로 얽혀 있는 것을 풀지 않으면 돈을 생각하는 일조차 귀찮아질 것이네."

돈에 좋은 에너지를 불어넣어라

쇼핑하러 갔을 때 게라 씨의 지갑을 엿볼 기회가 있었다. 빳빳한 100달러짜리 새 돈이 가득 들어 있었다. 미국은 신용카드 사회이기 때문에 현금을 가지고 다니는 것은 카드를 발급받을 수 없는 가난한 사람 정도뿐이라고 들었다. 게라 씨에게 왜 현금을 가지고 다니는지 물었더니 그것이 돈을 낭비하지 않는 가장 좋은 방법이기 때문이라고 답했다. 또 돈을 쓰고 있다는 실감이 나기 때문이라고도 했다. 하지만 왜 새 돈만 갖고 다니는지 이상하게 생각돼 그 이유를 물어보았다.

"그건 말이네, 내가 돈에 어떤 의미를 두고 있는지에 대해 책임을 지고 있기 때문이라네. 내 지갑에 있는 것은 미국 정부가 발행한 새 지폐야. 이 시점에서는 단순한 종이라고 해도 되겠지. 그것이 많은 사람의 손을 거치는 동안에 여러 의미를 갖게 되지. 대부분은 욕심, 결핍, 전쟁 같은 부정적인 요소뿐이라네.

나는 나한테서 나가는 돈이 사랑과 감사로 시작하게 하고 싶네. **나는 돈을 감사와 애정의 표현으로서 사용하려 하네.** 그것이 돌고 돌아서 또 나한테 돌아오기 때문이지."

"어떤 기분으로 돈을 쓰든 결과는 마찬가지 아닙니까?"

"그렇게 생각해도 상관없네. 그러나 나는 시험해본 적이 있다네. 실제로 어떤 달에는 돈을 쓸 때마다 '제기랄'이라거나, '이 자식이'라고 생각하며 써보았지. 다른 달에는 감사와 사랑을 담아 돈을 써보았네. 어땠을 것 같은가. 기분만이 아니라 실제 수입에서도 감사와 사랑으로 돈을 썼을 때가 훨씬 많았다네. 물론 나 자신도 그 한 달 동안 기분이 좋았지.

그 이후 될 수 있으면 기분 좋게 돈을 쓰려고 하네. 내가 쓰는 돈이 사랑과 기쁨으로 전 세계를 여행하면서 친구를 많이 사귀어 돌아오도록 하는 거지. 어떤가, 상상만으로도 즐거울 거야. 너무 어렵게 생각하지 말게나. 중요한 것은 돈을 즐겁게 쓰라는 말이네."

돈에 대한 IQ를 높여라

"아무리 비즈니스로 성공해도 돈에 대한 IQ를 높이지 않으면 부자가 될 수 없다네. 돈벌이에 능숙해도 돈에 관해 전문가가 되지 않으면 크게 실패하는 경우가 있기 때문이지. 사업에서 계속 성공할수록 리스크도 그만큼 늘어나게 마련이네. 섣불리 했다가는 단 한 번의 실패로 수년간 번 돈을 잃을 수 있다네. 때에 따라서는 파산하기도 하지.

또한 돈의 법칙을 배우면 사업가로서도 유능해질 것이네.

돈에는 원칙이 있네. 이 큰 원칙 없이 부자가 되기는 정말 어렵다네. 돈의 다섯 가지 원칙은 다음과 같네."

게라 씨는 이렇게 말하며 종이 냅킨에 다섯 가지 원칙을 쓰기 시작했다.

1. 많이 벌기
2. 현명하게 쓰기(절약)
3. 빈틈없이 지키기
4. 투자하기
5. 함께 나누기

'제대로 된 종이에 쓰면 좋겠는데' 하고 생각하면서 게라 씨가 갈겨쓴 것을 보았다.

1. 많이 벌기

"부자가 되려면 처음엔 벌어야만 하네. 이 '돈 버는 것'을 하지 못하면 그다음 네 가지 지식이 아무리 늘어나도 의미가 없지. 그런 의미에서도 돈 버는 것은 아주 중요한 단계네. 돈을 벌 수 없다면 부자가 되는 데 시간이 오래 걸려. 하지만 부자가 되는 데 거액의 돈을 버는 방법만 있는 것은 아니네. 두 번째 원칙인 '현명하게 쓰기'를 터득하면 돈 버는 것은 그다지 중요하지 않다네."

2. 현명하게 쓰기(절약)

"부자가 되는 것에 대해 커다란 오해가 있다네. 많이 벌면 부자가 될 것이라는 관념은 잘못된 것이지. 만약 그것이 진실이라면 왜 1년에 수백만 달러나 버는 스타가 파산하겠는가. 많은 사람이 이해하기 어려운 일일 것이네."

"그렇네요. 아주 이상한 일입니다. 그렇게 많이 벌면서 파산한다면 얼마나 벌어야 충분할까요?"

"버는 돈이 많으면 많을수록 빨리 부자가 될 것 같지만 꼭 그런 것만은 아니네. 왜냐면 많이 벌면 대범해져서 그 수입에 맞게 써버리기 때문이네. 그런 사람은 금전 운에도 조수간만처럼 상승과 하강이 있다는 사실을 모른 채 번 돈을 다 써버리고 만다네. 돈에 대해 감각이 없는 사람은 빌려서까지 쓰기도 하지.

노력해서 1년에 몇만 달러를 벌어도, 지출을 통제하지 못하면 가난뱅이로 되돌아가네. 아니, 돈 쓰는 버릇만 들어 있어서 때때로 빚을 지게 되지. 어느 정도 수입이 생길 때까지 지출은 수입의 3분의 1로 줄여야 하네. 수입이 늘어도 지출을 그대로 유지하지 않으면 다음 단계로 갈 수 없네."

내가 일본에서 한 달 임대료가 1만 5천 엔인 아파트에 살았다고 이야기하자 그는 "아주 훌륭하네"라고 칭찬해주었다.

"돈을 현명하게 쓰는 법칙은 보람 있게 돈을 쓰는 것도 의미하네. 부자는 돈과 무엇인가를 교환할 때, 반드시 그 가치 이상의 것이 뭔가를 따져보지. 예를 들어 부자는 어떤 그림이 아무리 비싸도 평가액보다 싸면 그것을 사네. 반대로 5달러라고 해도 그만한 가치가 없다고 생각하면 절대로 돈을 지불하지 않아. 돈과 인연이 없는 사람은 자신의 겉모습을 위해 5달러 정도는 상관없다고 생각하는 것과는 대조적이지. 매일 이 같은 작은 차이가 몇 년이 지나면 눈덩이처럼 커진다네. 평생 들어오는 수입을 현재 가격보다 가치가 있는 것(주식, 부동산, 그림)으로 끊임없이 바꾸어놓으면 그 가격이 올라감에 따라 그것은 막대한 금액이 된다네.

한편 돈을 쓰레기와 계속 교환하면 인생이 끝날 즈음에 손에 아무것도 남지 않는 것이 당연하지 않겠나? 이것은 초등학생도 아는 사실이네. 그래서 부자가 되는 사람은 자동차를 살 때도 새것을 사지 않는다네. 돈에 대한 IQ가 낮아 낭비하는 사람이 가치가 가장 떨어지는 신차를 구매하지. 부자가 되는 사람은 비용 대비 효과가 좋은 3년 정도 된 중고차를 산다네."

• '필요한 것'과 '원하는 것'의 차이 알기

"돈과 인연이 없는 사람은 필요한 것과 원하는 것이 서로 같다고 생각한다네. 하지만 부자가 되는 사람은 이 차이를 분명히 알고 있지. 필요한 것이란 생활하는 데 있어야 하는 것. 원하는 것이란 없어도 살아갈 수 있지. 대부분 사람은 원하는 것이 곧 필요한 것이라고 착각하네. 마치 그것이 없으면 안 될 것처럼 자신과 가족을 설득해 꼭 손에 넣으려 하지.

이 세상에는 물건을 사라는 유혹이 태산처럼 많다네. 자네가 부자가 될지 안 될지는 아주 작은 차이라네. **가난한 사람은 입버릇처럼 "평소에 열심히 일한 보상으로 사버리자!"라고 말하네. 반면 부자는 "지금 나한테는 필요 없어. 다음 기회에 사자"라고 말한다네."**

"그거 재미있네요. 저희 아버지도 같은 말을 하셨습니다."

"거참, 훌륭한 아버지를 두었군. 쇼핑에 대한 사소한 태도의 차이가 부자와 가난한 사람을 나누지. 내가 하는 말을 전부 잊어도 이것만은 꼭 기억하게. 원하는 것이 생기면 일주일을 기다리게. 그때도 간절히 갖고 싶다면 또 일주일을 기다리게. 그래도 갖고 싶다면 그때 사게. 이 짧은 시간을 기다리는 습관이 들면 필요 없는 물건을 살 확률이 눈에 띄게 줄어든다네."

• 무엇을 사야 할지 알기

"부자가 되는 사람은 자신의 인생에 흐르는 돈을 어떻게 할 것인가에 따라 자신의 미래가 달라진다는 사실을 잘 알고 있네. 대다수 사람은 아무 생각 없이 충동구매를 하지. 부자가 될 사람은 지금 차를 사면 평생 일해야 하는 인생을 선택하는 것과 같다는 것을 잘 아네. 그래서 차를 사지 않고 투자해서 빨리 수익을 올리는 데 더 신경을 쓴다네. 시작할 때의 이러한 미묘한 차이가 10년, 20년이라는 기간에 커다란 간극을 만든다네.

부자가 될 사람은 안전하게 달리는 차를 사지. 가난해지는 사람은 멋있는 차를 사. 그러므로 부자는 중고차로 만족하고, 가난한 사람은 신차에 집착하는 거라네. 근검절약을 즐기면서 행복한 부자가 되는 길로 기쁘게 걸어가기를 바라네.”

“저는 부자가 될 때까지 차를 사지 않을 생각입니다. 그 돈으로 저에 대한 투자나 견문을 넓히는 여행에 쓰려고 합니다.”

“그거 훌륭하군. **돈을 쓸 때는 그 돈으로 자신이 무엇을 얻으려 하는지를 잘 파악해야 하네.** 그 돈을 버는 데에 들인 노력에 부합하는 대가를 얻을 수 있는지 아닌지를 차분히 생각하게. 기분 전환을 하고 싶다면 돈을 쓰지 않고도 기분을 바꿀 방법을 찾아보게. 예를 들어 달리기를 한다거나 음악을 듣는다거나 해서 기분이 바뀌면 그만큼 돈을 쓰지 않고 해결되는 것이 아니겠나?”

어쩐지, 게라 씨가 나를 자주 달리기에 데리고 나간 이유가 있었구나 싶어 미소를 지었다.

· **선물을 잘 줄 것**

“돈을 현명하게 쓴다고 하면 대개는 쓰지 않는 것이 현명하다고 잘못 생각한다네. 현명하게 돈을 사용한다는 것은 다른 사람을 기쁘게 하는 데 쓴다는 거네. 행복해지는 데 성공한 사람은 다른 사람에게 선물하기를 무척 좋아하지. 쇼핑할 때도 자신의 것보다는 친구를 먼저 생각할 때가 많을 정도라네.

센스 있는 선물을 건네는 법을 알면, 자네의 성공 속도는 한번에 올라갈 걸세. 선물을 받고 기분이 나쁜 사람은 아무도 없네. 중요한 것은 그 선물을 주는 방법이야. 기분 좋게 받을 수 있도록 선물을 주면서 들려줄 말을 준비하는 것이 중요하지. 그리고 상대가 부담을 느끼지 않도록 배려하는 것도 잊지 말게.

어른이 되면 남한테 뭔가를 받을 기회가 적어지는 것이 보통이네. 부자는 선물을 많이 받는 것처럼 보이지만 의외로 그렇지 못한 경우가 많다네. 자네가 만나는 사람이 무엇을 원하는지 평소에 잘 관찰하게나. 그리고 아주 적당한 타이밍에 선물하게. 그러면 자네는 선물을 주는 기쁨뿐만 아니라 마음이 통하는 친구도 얻을 수 있네. 선물을 잘할 수 있게 되면 비로소 자네는 성공한 사람의 인생으로 들어가는 입구에 서게 되네."

3. 빈틈없이 지키기

"많이 벌어서 현명하게 쓰고 싶다면 일정 날짜에 정기적으로 적립하는 적금에 가입하는 것이 좋다네. 그러면 세 번째 원칙인 '지킨다'로 넘어갈 수 있네. 여기까지 온 사람은 많지 않아. 대부분 사람이 감정적으로 번 돈을 거의 써버리고 말지. 이 '빈틈없이 지키기'라는 원칙은 돈을 벌어서 현명하게 쓴 뒤 남은 돈을 어떻게 지키는가와 관련 있네. 모처럼 수중에 남은 돈이 생기면 그것을 노리는 사람이 있게 마련이네.

첫 번째는 세무서, 두 번째는 아내, 세 번째는 친구, 네 번째는 사기꾼이지. 이들 모두가 그럴듯한 이유로 자네가 고생 끝에 남긴 돈을 빼앗으려 하네. 모두 대항하기가 쉽지 않아. 세무서는 법률을 방패로 자네 몫의 몇 퍼센트인가를 받으러 오네. 인정이라곤 찾아보기 힘들 정도로 인정사정없지.

하지만 아내는 더 억척스럽다네. 적어도 반은 요구할 것이네. 자네가 거부하면 이혼 소송을 할 걸게. 그리고 아내는 자네 재산의 반과 함께 떠날 결심을 하며 자네 돈을 노리네. 자네는 돈도 절반을 빼앗기는 데다가 아내가 떠날지도 모른다는 생각에 마지못해 아내의 쇼핑을 못 본 척하네."

게라 씨가 다이아몬드 사업을 시작한 것은 그 일을 좋아하기 때문이기도 했지만 또 한 가지는 "아내한테 줄 선물을 도매가로 살 수 있었던 이유도 있었네"라고 웃으며 내게 알려주었다.

"자네의 친구는 우정을 인질로 삼아 자네한테 돈을 빌리러 오지. 융자해달라고 직접 부탁하러 오기도 하고, 좀 더 교묘하게 투자 형태로 권유하는 경우도 있을 것이네. 성공한 사람은 고독한 법이야. 그렇기에 더 교묘하게 우정을 드러내면서 자네의 돈을 노리러 오네.

네 번째 적은 사기꾼이야. 옆에서 보면 어째서 이런 일에 걸려들까 하고 의아할 정도로 간단한 수법에도 넘어가지. 사기꾼에게 걸려들지 않으려면 편하게 돈을 벌려는 생각을 버려야 하네. 쉽게 돈을 벌겠다는 마음이 없으면 사기꾼은 자네에게 접근할 수 없네.

물론 꼭 그런 일이 일어난다고 하는 말은 아니네. 하지만 지금 알려준 네 가지는 나를 비롯해 많은 친구에게 실제로 일어났던 일이네. 이런 일에 걸려들면 부자가 될 수 없네."

석유왕 폴 게티는 부자가 되는 비결에 대한 질문을 받았을 때 이렇게 답했다. "절대로 돈을 잃지 마라." 다른 비결은 없냐는 질문에 그는 이렇게 덧붙였다. "절대로 돈을 잃지 마라."

4. 투자하기

"투자가가 되지 않고 부자가 되기는 어렵다네. 또 투자가로서 지식 없이 돈을 유지하기도 어렵지. 야구선수, 예능인이 큰 빚을 지고 마는 것도 실은 돈에 대한 지식이 없기 때문일세. 보통 사람이 봤을 때 저렇게 돈을 많이 벌었는데 왜 파산 신청을 하는지 의아해하지.

현실을 들여다보면 이해할 수 있네. 수입이 늘어나면 은행은 그에 걸맞게 돈을 빌려준다네. 그만큼 리스크가 늘어난다는 뜻이지. 의사나 변호사가 투자로 실패하는 일이 많은 이유네. 그렇지만 부자가 되는 데 필요한 지식은 그들이 가진 지식과 다르네.

투자가로서 성공하는 것은 부자 되기 게임의 마지막 단계이네. 부자가 되기 위한 관문 중에서 가장 중요하지. 부자가 되려면 사업체를 가지고 현금과 신용을 만들어야 하네. 그리고 그것을 잘 운용해야 한다네. 이것을 모두 익히면 자네는 5년 안에 부자가 될 것이네."

5. 함께 나누기

"이 같은 경지에 이르는 데 나도 상당한 시간이 걸렸지. 부자가 되는 사람은 벌기는 잘 벌어도 쓰기를 잘 못 하는 사람이 많네. 하물며 서로 나누는 일은 좀처럼 하지 못하지. 대부분 인생을 버는 데 바쳤기 때문이네. 여간해서는 돈 버는 것 외에는 머리가 돌아가지 않는 것도 무리는 아니지. 하지만 돈은 쓰기 위해 존재한다네.

옛날부터 미국의 부호는 자신의 부를 사회에 환원하는 것을 중요하게 생각했네. 록펠러, 카네기, 포드 등은 재단을 설립해서 매년 거액을 사회에 환원하고 있지. 나는 부자가 되는 궁극적인 목적은 서로 나누는 데 있다고 생각하네. 사회를 위해 재능을 쓰고 그렇게 해서 번 돈을 사회에 되돌려줌으로써 사이클이 완성되는 것이네."

"저도 앞으로 부자가 되면 기부하고 싶습니다."

내 말에 그가 다음과 같이 말했다.

"그런 말은 하지 않는 게 좋아. 부자가 된 사람들은 돈이 없었을 때부터 수입의 10퍼센트를 기부했다네. '부자가 되고 나서 기부하자'라는 말 속에는 지금은 그 같은 여유가 없다는 메시지가 숨어 있지. 그러니까 자신에게 부를 만들어낼 힘이 없다고 선언하는 것과 마찬가지라네. 만약 말을 한다면 **다른 사람과 나눔으로써 나는 점점 풍족해진다. 내게는 무한한 부를 만들어내는 힘이 있다**'라고 말하게나."

"예, 잘 알겠습니다. 감사합니다."

그의 한마디 한마디에는 강렬한 힘이 있어서 나의 내면의 힘도 일깨워주는 느낌을 받았다. 마치 그가 일으키는 힘의 진동이 내 안의 깊은 곳에 있는 것을 뒤흔드는 것 같았다. 그의 말을 듣고 나도 잘하면 부자가 될 수 있다는 기분이 들었다.

돈이 내 인생을 방해하지 않게 하려면

"자네에게 돈에 대해 가르친 것은 단순히 자네를 부자로 만들기 위해서가 아니네. 자네가 자신만의 삶을 살 때 돈에 구속받지 않도록 알려주는 것이네. 부모가 돈에 대해 건전한 관계를 맺고 아이에게 돈에 관한 교육을 한다면 그 사람은 인생과 돈에 대해 제대로 생각할 수 있을 것이네. 행복하게 사는 사람들은 일상적으로 돈에 대해 생각하지 않는다네. 그만큼 돈에 방해받지 않고 살아갈 수 있다는 뜻이지.

하지만 대부분 사람은 인생의 결단을 내릴 때 돈의 영향을 받고 있네. 싸다든가 비싸다든가 하는 것부터 자신이 그것을 사는 것은 무리라고 단정해버리지. 그것이 자신의 행복과 직결되는 일이라고 해도 돈을 핑계로 행동하는 것을 포기하고 마네. **일단 돈의 달인이 되는 수준에 이르면 인생에서 돈이 사라져버린다네. 인생의 모든 측면에서 돈이 자네를 방해하지 않게 된다는 말이지.**

나는 오래전부터 일상생활에서 돈을 생각하지 않네. 어떤 의미에서 내 인생에서 돈이 없어진 것과 마찬가지네. 누군가에게 돈 이야기를 할 때 말고는 딱히 돈 생각이 나지 않는다네. 희한한 일이야. 젊을 때는 오로지 돈만 생각했었는데 말이야."

"지금의 저로서는 도저히 이해할 수 없네요."

"자신이 살고 싶은 곳, 입고 싶은 것, 하고 싶은 것, 먹고 싶은 것, 갖고 싶은 것 모두 자기 마음대로 정할 수 있다면 그 이상으로 돈을 갖는 것은 의미가 없겠지. 돈을 자유롭게 다룰 수 있다면 자신이 원하는 인생을 살 수 있네. 돈에 관한 모든 것을 익히면 그런 마법 같은 인생을 살 수 있다네."

"그런데 돈에 휘둘리면 어떻게 됩니까?"

"행복한 부자는 부를 실현하는 과정에서 이상한 점을 깨닫네. 한 개인이 혼자 돈을 소유한다는 것은 불가능하다는 사실이네. **돈은 사회 곳곳을 흐르는 강과 같은 것이지.** 그리고 그 강의 흐름을 독점할 수 없다는 것을 알게 되네.

강의 흐름 주변에 작은 운하를 파서(비즈니스), 자신의 영역으로 물이 흐르게 할 수는 있네. 하지만 거기서부터 강의 흐름은 곧 바뀌지. 무리하게 자신의 영역 안에 가두어두려고 하면 물이 범람하여 엄청난 비극을 낳지. 상속 다툼 같은 것이 좋은 예지.

또 모아두기만 하고 흐름을 만들지 않으면 물은 썩어버리네. 실제로 돈이 썩지는 않지만 아무 일도 하지 않는 자산가는 자칫 병에 걸리기 쉽네. 행복하게 부자가 된 사람들은 이 사실을 체험적·직관적으로 알고 있네. 그래서 자신한테 오는 돈의 흐름을 긍정적인 방향으로 흐르게 하지. 그렇게 해야 돈의 힘에 휘둘리지 않고 강의 흐름을 더 크게 만들 수 있다는 사실을 경험으로 알고 있지. **부자가 되는 가장 빠른 방법은 돈의 흐름을 만드는 일이라네.**

　돈과 인연이 없는 사람은 어떻게든 모아두려고만 하지. 하지만 그것은 밥을 잔뜩 먹고 화장실에 가지 않는 것과 같네. 흘러가게 하면 풍족해질 수 있는데 그것을 믿지 못하는 것이네. 그래서 배출하는 게 아까워 화장실 가는 것을 열심히 참는 거야. 상상만 해도 몸에 해롭다는 것은 바로 알 수 있는 일인데도 말이네."

자기 사업을
시작하라

*The millonaire's
Philosophy for
happy life*

"오늘은 사업에 대해 알려주겠네"라며 게라 씨가 말하기 시작했다.

"사업을 배우려면 쇼핑센터에 가는 것이 최고야. 간 김에 기념으로 자네에게 선물을 사주겠네."

그의 말을 듣고 나는 무척 기뻤다. 쇼핑센터에 도착하자 그는 나를 데리고 천천히 가게를 둘러보더니 나에게 물었다.

"이 안에서 가장 돈을 잘 버는 가게가 어디라고 생각하나?"

그의 질문에 나는 가게 하나하나를 진지하게 바라보았다. 그러자 손님이 가장 북적이는 티셔츠 가게가 눈에 들어왔다.

이익률이 높은 비즈니스, 낮은 비즈니스

"저 가게일까요? 가장 붐비는 것 같은데요."

"그리 답할 줄 알았네. 자네는 아직도 갈 길이 멀군. 저 가게는 분명 손님으로 북적이니 돈을 잘 버는 것처럼 보일지도 모르네. 하지만 자세히 보면 물건을 사는 손님은 의외로 적네."

"아, 그렇습니까?"라며 다시 관찰해보니 분명 계산대에 줄을 선 손님은 많지 않았다.

게라 씨가 손짓으로 나를 불러서 갔더니, 그곳에 세탁소가 있었다. 손님 몇 명이 줄을 서 있긴 해도 잘되는 곳처럼 보이지는 않았다. 아르바이트생 혼자서 접수를 받고 있을 뿐이어서 아무리 생각해도 돈을 잘 버는 것처럼 보이지 않았다.

"네네!? 저 세탁소요? 아무리 봐도 돈을 잘 버는 것으로는 보이지 않는데요."

그러자 게라 씨는 설명을 해주었다.

"저 세탁소는 이 근처에서 체인점을 하는데, 이 가게는 그중 하나라네. 이 가게가 대단한 것은 손님이 쇼핑하는 동안에 클리닝을 해주는 서비스가 있다는 거네. 게다가 다른 체인점에서도 옷을 받을 수 있는 서비스, 그리고 보관함에 맡겨 고객이 원할 때 꺼내 갈 수 있는 서비스 등 여러 가지를 준비하고 있다는 것이네. 인건비도 적어서 이익률이 매우 높은 사업이지."

"다른 가게는 어떻습니까?"

"사업에 따라 돈의 흐름이 전혀 다르네. 예를 들면 이 쇼핑센터에서 돈을 벌고 있는 또 한 가게를 살펴보세. 저쪽에 보이는 보석가게가 그렇다네. 그다지 손님이 드나들지 않는 것처럼 보이지만 고객 단가는 실로 높지. 또 한 번 고객이 되면 다시 사러 오는 사람이 많다네. 그러므로 가게에 손님이 거의 없어도 이익을 내고 있다네.

저쪽에 있는 레스토랑을 보게. 저쪽은 손님이 많이 들어와서 잘 벌고 있는 것처럼 보이지만, 인건비가 많이 들어. 식재료를 매입하는 비용도 그렇고. 그러므로 겉보기만큼 이익은 나지 않는다네. 저쪽에 있는 책방도 보게나. 저기에도 손님이 많지만, 워낙 이익 폭이 적기 때문에 잘 버는 사업이 되기는 좀처럼 어렵네."

"어떻게 그렇게 잘 아십니까? 마치 매상 숫자를 보고 계신 듯하네요."

"안 봐도 알 수 있다고 말하고 싶네만, 매월 내게 실제 매출액이 보고되기 때문에 정확히 안다네"라며 가볍게 웃었다.

"예? 어째서 어르신께 보고서가 오는 겁니까?"

"이 쇼핑센터는 재미있는 시스템을 도입하고 있네. 고정 임대료 외에 매출에 대한 일정 비율도 임대료로 내는 구조지. 그만큼 싸게 가게를 시작할 수 있네. 그래서 쇼핑센터의 주인에게 매출액이 매월 보고가 되네. 이 시스템이라면 돈을 버는 사업과 벌지 못하는 사업을 즉석에서 판단할 수 있어서 보다 효율적으로 쇼핑센터를 경영할 수 있다네."

"예!? 그렇다는 것은 이 쇼핑센터가 어르신 것이라는 겁니까?"하고 말하면서 뒤를 돌아보니 가게가 끝도 없이 이어지고 있어 그야말로 압도당하고 말았다.

다른 사람에게 즐거움을 주는 일을 하라

"그렇다네. 이 쇼핑센터는 내가 10년 전에 아무것도 없을 때부터 설계해서 만들었네. 이 마을에 이 같은 쇼핑몰이 없어서 말이지. 만들면 분명 좋아할 것이라고 생각했지"라며 흐뭇한 표정으로 오가는 사람들을 바라보았다.

"와! 이 쇼핑센터 전체를 말입니까?" 나는 믿기지 않는다는 표정으로 게라 씨를 보았다.

"그렇다네. 이 사람들이 열심히 찾아온 고객을 즐겁게 해서 매상을 올리면 매상의 아주 일부가 나한테 오는 거네. 나는 이 쇼핑센터를 제로에서 기획하여 세운 뒤 가게 주인을 모집해서 그들이 사업할 수 있도록 장소를 제공했네. 가게 주인들은 자영업자로서 자신들의 사업을 하고 있지. 그들 나름의 방법으로 고객을 즐겁게 하고, 거기에 걸맞은 보수를 얻고 있네."

"정말 그렇군요. 그것이 사회의 시스템이네요. 종업원은 고객을 접객함으로써 보수를 받고요. 가게 주인들은 자신들의 활동에 걸맞은 보수를 매출에서 얻고요. 그리고 이곳을 소유한 어르신에게 그 일부가 들어오고요. 이런 식의 돈의 흐름이군요."

"그렇다네. **사람은 다른 사람을 즐겁게 한 만큼 돈을 벌 수 있네.** 이전에 이야기했던 것 같은데, 각자의 입장에 따라 결정된다는 거지. 종업원으로서 가게의 물건을 파는 사람은 그 노동에 상응하는 수입을 얻지. 가게의 주인은 고객이 즐겁게 돈을 지불해 준 만큼 수입을 얻네. 그리고 나는 많은 사람을 즐겁게 하고 일할 장소를 제공한 대가로 수입을 얻는 것이네. 이 큰 흐름이 보이면 사업으로 성공하는 것은 쉬워지네."

"그렇군요. 그것이 사업의 본질이라는 의미군요."

"그래. 자기 나름의 방식으로 다른 사람을 즐겁게 만들 일을 생각하게. 나처럼 프로듀서가 되어 타인을 즐겁게 하고 싶은가, 고객을 대하며 사람을 즐겁게 하고 싶은가, 가게의 주인으로서 타인을 즐겁게 하고 싶은가. 자신의 기질이나 특성에 맞지 않는 일을 해도 불행해질 따름이야. 그리고 각각의 처지에서 사람을 행복하게 할 수 있으면 자네는 충분히 행복하고 풍요로운 인생을 보낼 수 있다네."

"그중에서도 가장 부자가 되는 지름길은 무엇입니까?"

"사업을 하는 것이지. 회사에서 일한다면 정년 이후 생활을 할 때야 간신히 플러스가 되는 급여를 받을 수 있지. 그래서는 평생 걸려도 부자가 될 수 없지. 스포츠 선수가 된다거나 가수가 된다거나 화가가 되는 일은 그리 현실적이지가 않지. 돈 버는 사업을 하는 것이 일반 사람들에게 가장 빠르게 부자가 되는 길일세. 잘하면 5, 6년 안에 평생 먹고살 수 있는 부를 쌓을 수도 있네."

"앞으로 저는 제 사업을 하고 싶은데, 어떤 것을 알아두면 좋습니까?"

"위험한 질문이군. 나에게 사업 이야기를 하게 하면 끝이 없거든. 하지만 자네는 아직 사업 경험이 없어서 전부를 알려주기는 어렵네. 지금은 기본적인 것만 가르쳐주지. 이것만 알면 크게 잘못되지는 않을 걸세. 세세한 것은 실천하면서 배우면 되네."

비즈니스 = 타인이 돈을 지급해도 좋다고 생각할 정도로
가치가 있는 서비스나 물건을 제공하는 것

"이것만 기억하면 되네. 나머지는 다 덤 같은 것이네."

"좀 더 구체적으로 알려주시면 좋겠습니다"라고 말했더니 게라 씨는 1에서 5까지의 숫자를 적었다.

사업에 성공하는 5가지 원칙

1. 좋아하는 일을 찾는다

"사업을 시작하려면 일단 분야를 골라야 하네. 이전에도 말했지만, 그러려면 자기가 정말 좋아하는 일을 선택해야 하네. 자신이 좋아하는 분야를 알고 나면 그 분야에서 성공한 사람을 찾아보는 거지. 내가 좋아하는 분야는 세일즈였네. 물건 파는 것을 아주 좋아했었지. 파는 것은 뭐든 좋았지. 다만, 나는 보험이나 눈에 보이지 않는 것보다는 눈에 보이는 것을 잘 팔 수 있을 것 같았네. 나에게 딱 맞는 것이 나타날 때까지 다양한 품목을 팔았네. 가정용 세제나 부엌용품, 잡화 등 생각할 수 있는 것은 전부 팔았지. 그때 팔고 나서 가장 기뻤던 것이 보석이었네. 물론 잘생긴 내가 여성에게 물건을 잘 팔지 않을 수 없었네만. 하하하."

입에 발린 말이라도 멋지다고는 할 수 없는 게라 씨를 보고 내 나름의 추리를 해보았다. 아마도 여성은 잘생긴 남자보다는 재미있고 말솜씨 좋은 남자에게 약한 게 아닐까.

2. 사업 성공에 필요한 모든 것을 배운다

"일단 자신이 정말 좋아하는 분야를 찾았다면 그 분야에서 활약하는 사람을 찾는 거네. 그리고 가능하면 그 사람 옆에서 일하는 법을 배우게.

하나의 사업을 성공시키기 위해서는 배워야 할 것과 해야 할 일이 무수히 많네. 성공하려면 그것을 전부 배워야만 하네. 그중 80퍼센트만 배워도 평균적인 성공밖에 하지 못하네. 야구선수도 10회의 타석에 서는 중에 3회 안타를 치는 사람은 2회 안타를 치는 사람의 20, 30배를 벌지. 나나 자네가 타석에서 치는 것은 불가능해. 2회 안타를 친다고 해도 대단한 일이겠지. 하지만 단 1회의 차이가 믿을 수 없는 차이를 만드네.

경마에서도 1위와 2위의 상금액은 몇 배나 차이가 나지. 마지막 10퍼센트가 몇 배의 수입 격차를 만들어낸다네. 1위인 말이 몇 배의 속도로 달린 것도 아니고 엄청난 거리를 앞서 달린 것도 아니야. 아주 사소한 차이가 승부를 결정짓네. 이 사실을 기억해두게.

성공하고 싶다면 적당한 준비로는 불가능하네. 아주 사소한 마지막 차이가 보통과 대성공을 가른다네."

한 박자 쉬고서 게라 씨는 말을 계속했다.

"세일즈의 천재한테서 여러 가르침을 받을 때 인생을 바꿀 수 있는 많은 요소를 발견했지. 그 한 가지가 **누구라도 일정한 훈련을 계속하면 세일즈 분야에서 성공할 수 있다는 것이네.** 내가 그 것을 시험 삼아 해보고 부하직원을 지도할 때 적용해보니 도움이 되었네. 그 과정에서 내게 세일즈 재능과 우수한 사람을 키우는 재능이 있다는 것을 깨달았네.

나의 재능을 발견한 뒤로 할 수 있는 것은 전부 했네. 나는 세일즈의 명인이 있다는 말을 들으면 어떤 분야이든 그 사람을 찾아가 성공 요령을 배웠다네.

내 재능이 세일즈라는 것을 깨닫고 그것을 최대한 활용하려고 했네. 동시에 세일즈 재능이 있어 보이는 사람들을 스카우트해서 다이아몬드 파는 법을 철저히 가르쳤네. 그때가 가장 즐거웠다네. 어디에 가든 팔 수 있었으니까 말이네. 다 함께 휴가를 가서도 부하직원들이 지나가는 여성들에게 팔고 있더라니까. 그들도 나중에 각자 회사를 차려서 독립했는데, 그 무렵은 모두가 젊어서 무슨 일이라도 즐겁게 할 때였다네.

나는 내 가게와 작은 보석 공방 그리고 무엇보다도 강력한 세일즈 부대를 소유할 수 있었네. 그래서 몇 년 걸리지 않아 보석 제작회사와 세일즈 부대 모두를 가지게 되었네. 한 가지를 파는 것만으로 일주일간은 생활할 수 있었네. 가난한 시절과도 서서히 이별을 고했지."

3. 시작은 작지만 알차게 만든다

"시작은 가능한 한 작게 하는 거네. 근무하던 회사를 바로 그만 둔다거나 느닷없이 큰 가게를 시작한다거나, 리스크를 무릅쓰지 않는 것이 좋아. 작게 시작하면, 실패해도 손실이 크지 않지. 또 다시 준비해서 시작할 수도 있네. 한편 처음부터 잘나간다고 해 서 급히 규모를 확대하지 말아야 하네. 갑작스럽게 확대하면 큰 여파가 생기네."

"하지만 물 들어올 때 노 저으라는 말이 있듯 사업이 잘될 때 한 번에 돈을 버는 게 좋지 않을까요?"

"그것은 빈곤 의식에서 비롯된 사고방식이라네. 기회는 무한 히 있네. 그 문은 약간의 틈만으로 열리고 닫히지 않네. 올바른 일을 하고 있으면 문은 자동으로 자네 눈앞에 나타나 활짝 열리 게 마련이네. 구체적으로 말하면 다음과 같은 것이네.

자신의 상품이 갑자기 히트를 했다고 하세. 만들어도 만들어 도 주문을 따라가지 못해. 지금이야말로 회사를 크게 확대할 기 회라고 생각해 돈을 대출받아 공장을 만들거나 가게를 내거나 사람을 고용하거나 하지. 하지만 모든 것이 완성되었을 즈음에 는 활발히 팔리던 열풍이 끝나버려서 최신 설비와 잉여 인력만 남는 경우가 발생하지. 그렇게 되면 얼마 지나지 않아 도산하고 만다네. 급성장할 수 있다고 해도 서서히 확대하는 것이 좋다네.

처리하기 힘든 주문은 거절이 필요할 때도 있네. 그렇게 이익을 조절하는 편이 열풍을 오래가게 하는 법이네."

4. 돈 버는 시스템을 만든다

"사업을 시작하면 고객을 얼마나 즐겁게 할 수 있는가에 모든 의식을 집중하게. 그리고 그 서비스를 계속하기 위한 시스템을 구축해야 하네. 일과 돈의 자연스러운 흐름을 만드는 것이지."

"시스템이란 무엇입니까?"라고 내가 물었다.

"새로운 고객이 물건이나 서비스를 사주면 돈이 들어오는 것이지. 그리고 다음 고객이 찾아오는 흐름을 말하는 것이네. 잘나가는 사업에는 그 흐름이 있네.

예를 들어, 내가 시작한 사업은 다이아몬드를 파는 것이었지. 고객이 다이아몬드를 사고 돈을 지불한다네. 거기서부터 실은 사업의 시작이지. 내 가게에서 다이아몬드를 사준 고객은 당연히 자신이 산 물건을 자랑하려고 할 것이네. 자연히 고객은 좋은 광고가 되어주네. 내가 잘했던 일은, 고객인 그녀들을 자신도 모르는 사이에 세일즈 우먼으로 만든 것이네.

만약 그녀들이 친구를 소개해주면 그녀들과 친구들 양쪽에 1년 한정 대폭 할인 쿠폰을 주었어. 그렇게 하면 기꺼이 다음 선물 시즌에 새로운 다이아몬드를 경쟁이라도 하듯 사주었다네.

가게 주인은 고객을 즐겁게 하여 매출을 올리고,

종업원은 고객을 접객해서 보수를 받는다.

우리는 다른 사람을 즐겁게 한 만큼 돈을 번다.

고객은 '한정', '할인', '당신에게만' 같은 말에 약하다네. 이는 어느 문화에서든 100년이 지나도 변치 않을 걸세."

"대단하시네요. 뭔가 요술이라도 보고 있는 것 같습니다."

"가장 중요한 것은 마케팅이네. 마케팅이라고 해서 어려운 것이 아니네. 누구한테 어떻게 사게 할까를 알면 되네. 자네가 팔고 싶은 상대를 정해서 그 사람들의 심리를 읽는 것이 필요하네. 그렇게 할 수 있다면 성공은 생각보다 더 빨리 올 걸세. 그들이 기꺼이 돈을 지불하고 오랫동안 단골로 남아 있으면 더할 나위 없네. 한번 고객이 된 사람은 계속 자네의 고객이 되고 게다가 친구까지 소개해준다면, 자네는 평생 고객이 있으니 곤란한 일은 겪지 않을 걸세. 이를 위해서 소개 시스템도 확실하게 만들게나. 기분 좋게 고객을 소개해주는 시스템이 있다면, 자네 사업은 성공한 것이나 다름없네.

돈을 벌고 싶다면 다음 사항을 꼭 알아두게.

이익 = 고객의 즐거움이 돈으로 전환된 것

고객을 즐겁게 한 몫만큼 돈으로 들어온다네. **어떤 일이 있어도 단기간에 돈을 벌려고 하면 안 되네. 고객이 기뻐하면 그 사람은 평생 자네에게 돈을 가져다주지.** 그러니까 돈 버는 것을 생각하지 말고 어떻게 하면 고객을 즐겁고 기쁘게 할 수 있을까를 먼저 궁리하게. 이 같은 사고방식을 가질 수 있으면 확실히 성공할 수 있네."

5. 내가 없어도 돌아가는 시스템을 만든다

"한번 돈 버는 시스템을 만든 뒤에는 그것을 누가 관리하든 잘 돌아가게 해야 하네. 이게 가능해지면 자네는 자유인을 향한 길을 걸을 수 있게 되네.

일을 그만두라고 말하는 것이 아니네. 언제 그만두어도 괜찮은 상황을 만들고, 일은 자네가 선택해서 하면 되네.

같은 일을 하더라도 하지 않으면 생활이 어려워서 하는가, 아니면 즐거워서 하는가에 따라 차이가 크네. 일하면서 즐거움이 100배나 늘어난다고 해도 좋을 걸세.

내가 왜 자네 없이 돌아가는 시스템을 만들라고 하는지 아는가? 많은 중소기업에서 사장이 자기 생각, 자기 존재감을 너무 드러내기 때문이네.

예를 들면, 고객이 와서 "사장인 스미스 씨가 아니면 안 돼요" 같은 말을 하는 걸 듣고 즐거워한다면 경영자로서 실격이네. 누구라도 그 일을 할 수 있도록 해두지 않으면 사업을 더 크게 성장시키기 어렵기 때문이라네. 그러려면 자기가 특별해지기 위해 일을 해서는 안 되네.

부하직원에게 "사장님은 회사에 나오지 않아도 괜찮아요"라는 말을 들어야 비로소 그 사장은 우수한 경영자 무리에 들어갔다고 할 수 있네. 평소에 일상적인 일을 하지 말고 어떻게 하면 고객과 종업원을 더욱 즐겁게 할 수 있을지를 생각해야 하네. 그것이 경영자가 해야 할 일이고 매우 즐거운 일이기도 하지."

SECRET

10

내가 원하는
목표를 찾아라

The millonaire's
Philosophy for
happy life

"자네는 지금까지 인생에서 바라는 것은 무엇이든 손에 넣었는가?"

"진심으로 바라던 것 중 대부분은 실현되었지만, 아직 이루지 못한 것도 있습니다."

"그렇다는 것은 정말로 원하는 것을 현실화하는 방법을 아직 손에 넣지 않았다는 뜻이군."

"아마도 그런 것 같습니다. 하지만 자신이 원하는 것을 뭐든 손에 넣는 일이 가능할까요?"

"물론이지. 성공한 사람은 모두 알라딘의 요술램프 사용법을 알고 있네."

"정말로요? 저도 꼭 알고 싶습니다."

달성했던 일과 달성하지 못했던 일의 리스트를 만든다

"그러면 지금까지 원하던 일을 달성했던 것의 리스트를 적어보게. 몇 가지 안 돼도 상관없네. 이번에는 달성하지 못했던 것의 리스트를 쓰게. 그러고 나서 리스트를 보게. 재미있는 사실을 깨닫게 될 걸세."

"도대체 무엇을 알 수 있다는 것입니까?"

"달성했던 일의 리스트를 보면, 자네가 원했던 현실이 확실히 손에 들어왔다는 것을 알 터이네. **그것이 얼마나 자네의 인생을 풍요롭게 했는가를 곱씹어보기를 바라네.** 그리고 이번에는 달성하지 못했던 것의 리스트를 보게나. 아직 조금 미련이 있을지도 모르겠지만 크게 보면 이루지 못했어도 자네 인생의 행복도는 바뀌지 않았을 거네. 또 그때 실현되지 못했던 편이 오히려 자네에게 도움이 된 때도 있을 거네."

"분명 그럴지도 모르겠습니다. 표면적으로는 이루어지길 바랐어도 오히려 그것이 실현되지 못한 편이 좀 더 크게 배우는 기회가 되었을지도 모른다는 생각이 듭니다."

"그래, 그 사실을 이해하면 바라던 일이 실현되었느냐 아니냐보다 더 중요한 의미가 있다는 것을 알았을 걸세. 그것은 어쨌든 자네에게 최고의 현실이 이루어졌다는 것이네."

자신의 생각이 인생에서 현실로 나타난다.

자신이 되고 싶은 모습을 상상하고,

하고 싶은 일을 그려보는 것으로 충분하다.

그러면 놀랍게도 현실로 실현된다.

"아, 그런 것은 생각해보지도 않았습니다. 그러면 저는 100퍼센트 최상의 현실을 만들어왔다는 뜻입니까?"

"그렇다네. 성공한 사람들은 이 마음의 시스템을 깨닫고 있지. 그리고 원하는 일을 실현하는 비율을 높여간다네. 보통 사람은 생각대로 실현되지 않으면 목표를 생각하는 것을 그만둔다네. 그리고 현실을 받아들이지 않고 불평만 해대지."

"제 안에서 지금 무엇인가가 열리는 것 같습니다. 누구라도 알라딘의 요술램프를 가지고 있다는 뜻이네요. 다만, 그 사용법을 잘 모르기 때문에 사용하려고 하지도 않는다는 뜻이군요!"

"그렇다네. 보통 사람은 원하는 것조차 생각하지 않아. 생각하지 않으니 행동으로 옮기지도 않네. 램프를 문지르기만 하면 꿈이 이루어진다고 하는데도 말이네."

잠재의식에 10년 후 목표를 새겨라

"목표를 정한다는 것은 아주 중요한 일이네. 대부분 사람은 인생을 어떻게 살 것인지 정하지 않네. 그러므로 바다를 떠도는 해파리 같은 삶을 살고 있다네. 파도에 이리저리 밀리고, 눈앞에 있는 먹이와 오락을 즐기며 흔들흔들 떠돈다네. 그 같은 인생에 자네가 만족한다면 그걸로 됐네. 하지만 자신이 태어난 진짜 목적을 발견하고 흥미진진하고 근사한 인생을 보내고 싶다면 목표가 필요하네.

목표라고 하면, 그렇게 어렵고 거창한 것은 필요 없다고 말하는 사람도 있네. 하지만 목적지를 정하지 않고 어떻게 그곳을 찾아갈 수 있겠나. 자신이 어떻게 되고 싶은지, 어디로 가고 싶은지를 분명히 밝히지 않으면 인생 미아가 될 뿐이네. 목표라고 하면, 틀에 박혀서 거부감이 들지도 모르니 '이미지'와 '방향성'이라고 바꿔서 말해보겠네.

자네는 10년 후, 20년 후에 어떤 인생을 보내고 있을 것 같은가?"

"글쎄요, 내년 일도 잘 모르는데 10년 후라니, 전혀 모르겠습니다."

"자네가 아무것도 생각하지 않으면 10년 후의 일을 어떻게 상상할 수 있겠는가?"

"아마도 어딘가의 회사에 취직해서 열심히 일하고 있겠지요."

"자네가 보통 사람과 같은 인생을 살고 싶으면 목표 같은 것은 필요 없네. 하지만 다른 인생을 원한다면 목표를 명확히 해야 하네. 예를 들어 우주의 레스토랑에 가서 음식을 주문한다고 상상해보게. 레스토랑에 들어가면 '주문은 무엇으로 하시겠습니까?'라는 질문을 받지. 자네가 아무것도 말하지 않으면 주변 사람과 같은 점심 정식을 내올 것이네. 자네가 보통 사람이 먹는 정식이 싫다면, 다른 것을 주문해야만 하겠지.

목표는 이 주문과 같은 것이네. 무엇을 원하는지 말하지 않으면 종업원도 곤란해지고 만다네. 분명하게 무엇을 원하는지를 말해야만 해. **어떤 일이 좋은가, 어떤 인생을 원하는가를 하나하나 확실히 해야만 해.** 그 같은 주문을 전하면 종업원이 그 인생의 가격을 말해주지.

우주 레스토랑의 가격은 돈이 아니라 행동으로 지불하게 되어 있네. 원하는 것을 위한 행동 리스트를 써서 그대로 움직이게. 그러면 주문한 대로의 인생이 실현되네. 간단하지 않은가?

내가 볼 때 목표 세우는 법은 초등학교에서 가르쳐야 하네. 인생에서 목표 정하기가 이렇게나 중요한데 왜 보통 사람은 목표를 세우지 않는다고 생각하나?"

"글쎄요, 귀찮아서가 아닐까요? 저도 초등학생 때는 새해가 되면 목표를 세웠었습니다."

"어떤 목표를 세웠었나?"

"매일 6시에 일어나 공부하기, 마라톤 하기 같은 것이었습니다."

"그래서 실천을 잘했었나?"

"아니요, 창피하지만 겨우 며칠 만에 흐지부지됐습니다. 목표를 잘 따랐다고 해도 일주일 정도에 불과했습니다."

"하하하, 보통은 그런 법이네. 그래서 목표 설정에 대해 어떤 생각을 하게 되었나?"

"목표를 세우는 것 자체가 싫다고 생각했습니다."

"자기 자신에 대해서는 어떻게 생각했는가?"

"저 자신이 한심해서 한동안 우울했습니다."

"그렇겠지. 누구도 자네를 나무라지는 않네. 그래서 이제 목표 세우기를 그만둬 버린 것이군."

"하지만 말씀을 듣고 목표 설정을 해야겠다고 생각했습니다."

"마음가짐은 훌륭하네만, 지금 상태로는 새로운 목표를 정해도 실패할 걸세."

"그렇게 말씀하시니 자신이 없습니다. 그럼 어떻게 하면 좋을까요?"

"우선 왜 목표 달성에 실패하는가부터 알아야 하네. 그러고 나서 목표 설정을 잘하는 방법을 배워야 한다네."

"예, 꼭 알려주십시오."

목표를 달성하지 못하는 이유

1. 해야 할 일을 목표로 삼는다

"목표를 설정할 때 흔히 저지르는 실수가 있네. 자신이 해야만 하는 것을 목표로 삼는 것이네. 하지만 사람은 꼭 해야 한다고 해서 의지가 강해지지 않는다네. 몸무게를 5킬로그램 빼야 한다고 해도 눈앞의 맛있는 디저트에 무심해질 수 있는 사람은 많지 않네. 또 다이어트한다고 먹지 않는 데만 초점을 두기 때문에 어느 순간 둑이 터지듯 먹어 치우지. 사람은 꼭 해야 한다고 생각할수록 목표를 달성하지 못하는 법이네."

"정말, 말씀 그대로입니다."

2. 목표를 달성할 동기가 없다

"그 목표를 달성하면 어떤 즐거운 일이 있을지 생각해보게. 그런 데도 즉각적으로 확 떠오르지 않으면 일부러 노력해도 보람이 없네. 한동안은 굳은 의지로 노력해도 곧 실패하고 만다네. 휘발유 없이 달리는 자동차와 같다네. '동기'라고 하는 휘발유가 없으면 자동차는 달릴 수가 없네. 목표를 생각하는 것만으로도 가슴이 설레고 뛰지 않는다면 잘 이룰 수가 없다네."

3. 구체적인 단계가 없다

"아무런 준비 없이 느닷없이 마라톤 풀코스를 달리는 것은 무리한 일이지. 그러려면 우선 1킬로미터를 달릴 체력을 길러야 하네. 그다음에 5킬로미터, 10킬로미터 식으로 늘려가서 최종적으로 풀코스에 도전해야 하네. 대부분 사람은 갑자기 달리기를 시작해 몇 킬로미터를 달리다 지쳐버린 뒤 달리기를 영원히 그만둬 버린다네."

"아아, 뭔가 제 이야기를 하시는 것 같아 듣기 괴롭네요."

4. 기한이 없다

"언제까지 할지를 정하지 않으면 사람은 좀처럼 시작하지 않는다네. 구체적인 기한을 정하지 않으면 아무 일도 일어나지 않는다네. 자신이 하고 싶은 일이라도 기한이 없으면 아무리 시간이 흘러도 실현되지 않을 것이네."

목표 달성에 성공하는 5가지 원칙

1. 가슴 두근거리는 목표를 세운다

대부분 사람은 흥미 없는 것을 목표로 세운다. 꼭 해야만 한다고 생각하는 것을 목표로 삼기 때문에 그것을 달성하기가 어렵다. 그런 일이 몇 번 반복되면 목표 세우기가 꺼려진다.

자신이 그 목표를 달성한다면 얼마나 좋을까를 생각했을 때 가슴이 두근거리는 것을 목표로 삼아야 한다. 그렇게 생각되는 일을 종이에 적어보자.

2. 목표를 세분화하여 구체적인 행동 단계를 생각한다

많은 사람은 갑자기 실현 불가능한 일을 목표로 삼는다. 10미터 높이를 한 번의 점프로 날 수는 없다. 하지만 30개의 계단을 갖다 붙이면 충분히 오를 수 있다.

3. 목표를 달성했을 때의 포상과 실패했을 때의 벌을 마련한다

사람은 기쁨을 찾고 고통을 피하려는 경향이 있다. 목표를 달성함에 따라 느낄 수 있는 기쁨을 종이에 써보자. 또 그 목표를 달성하지 못하면 어떤 안 좋은 일을 당할지도 써본다. 그것을 자신에게 부과함으로써 더욱 행동하기 쉬워진다.

4. 목표를 달성한 모습을 상상하라

목표를 달성해서 자신과 주변 사람이 기뻐하는 모습을 끊임없이 이미지로 떠올린다. 그 즐거운 분위기를 잠재의식에 끊임없이 새겨 넣는다. 그것이 현실화를 가속화한다.

5. 지금 당장 행동하라

목표를 달성하기까지 단계를 하나하나 행동으로 옮기면 된다.

내려가는 에스컬레이터를 한 번에 거꾸로 뛰어 올라가듯이 열정

적으로 행동하라.

누구도 혼자서는
성공할 수 없다

*The millonaire's
Philosophy for
happy life*

"성공하기 위해 가장 중요한 것은 많은 사람의 도움을 받는 것이네."

"그건 왠지 나약하다는 느낌이 듭니다. 성공은 자기 힘으로 쟁취하는 것 아닙니까?"

"아직 자네는 세상이 어떻게 이루어져 있는지를 몰라서 그런 말을 하는 거라네. 이 세상에 누구도 혼자서는 살아갈 수 없네. 아무리 세계적으로 성공한 사람이라도 누군가의 서비스가 필요한 법이지. 오늘은 다른 사람의 도움을 받는 것이 어떻게 성공의 비결이 되는가에 관해 이야기하겠네."

많은 사람에게 도움을 받아라

"성공을 목표로 하는 많은 젊은이가 모든 것을 자신의 힘으로 해내려고 하지. 하지만 그것은 큰 실수라네. 성공이란 많은 사람이 지지하고 도움을 주어야 비로소 이루어질 수 있다네. 예를 들어 아주 번창하는 레스토랑 주인의 인생을 상상해보게. 레스토랑 주인으로 성공하려면 많은 고객이 찾아와야 하네. 그리고 그 고객이 끊임없이 친구와 지인을 데려오지 않으면 성공하기 힘드네.

마찬가지로 그 레스토랑에서 일하는 종업원이 '이 레스토랑에서 꼭 일하고 싶다'라고 생각하며 즐겁게 생활하지 않으면 성공하는 레스토랑을 만들기란 어렵네. 또 은행의 도움도 받아야 하네. 레스토랑을 운영하기 위해 은행에서 돈을 빌렸다면 은행 담당자의 응원도 받아야 하네. 또한 실내 인테리어를 담당한 사람, 식재료를 공급해주는 업자, 그것을 실어다 준 기사, 레스토랑에서 나온 쓰레기를 청소해주는 환경미화원 등 많은 사람의 협력과 헌신이 있어야 비로소 성공할 수 있네.

만약 그 사람이 '나는 혼자 힘으로 지금의 성공을 이루었어'라고 말한다면 그를 지원해준 사람들은 어떤 감정을 느낄 거라 생각하는가?"

스스로 할 수 있다고 해도

가능하면 많은 사람의 도움을 받아야 한다.

그 사람들이 감사하고 기뻐해주는 것이 성공을 앞당긴다.

모든 것을 혼자서 하겠다고 생각하지 마라.

"그건 뭔가 배신당하고 무시당한 듯 씁쓸한 느낌이 들 것 같습니다. '뭐야, 이 사람은 전혀 뭘 모르잖아' 같은 느낌이라고 할까요."

"그렇다네. 대부분 성공한 사람은 자신과 관계된 모든 사람에게 '당신 덕분에 지금의 내가 있어요' 같은 마음을 전하려고 노력하네. 그러니 그들은 많은 팬을 확보하여 더더욱 성공을 이루게 된다네.

한편 자기 힘으로 성공했다고 생각하는 사람은 점점 오만해진다네. 그러면 자신도 모르는 사이에 주변 사람들이 떠나간다네. **주변 사람들이 지지해준 덕분에 지금의 자기가 있다고 감사하며 지내는 사람과, '내가 잘했기 때문에 이 정도 성공은 당연해'라며 오만한 사람은 장래에 얼마큼 차이가 생길까.**

이 차이를 잘 이해한다면 많은 사람의 지지와 도움을 받는 사람일수록 성공을 빨리할 수 있고 게다가 지속가능할 것이라는 사실을 분명히 알 수 있을 걸세."

"잘 알았습니다. 정말 말씀하신 대로입니다. 아니나 다를까 저는 스스로 힘으로 목표를 달성한 쪽이 근사하다고 생각해왔습니다."

"또 한 가지 중요한 점은 도움을 받은 사람이 도움을 줄 수도 있다는 사실이네.

나는 사람은 본래 누군가를 도와주고 싶어 한다고 생각하네. 그러므로 다른 사람을 도울 수 있을 때 그 사람은 정신적인 평온함과 만족감을 얻을 수 있다네. 그렇게 생각하면 가능한 한 많은 사람의 도움을 받을 수 있는 인품을 갖추는 것이 매우 중요하다는 사실을 알 수 있을 거네.

스스로 할 수 있다고 해도 가능하면 많은 사람의 도움을 받아야 하네. 그리고 그 사람들이 감사하며 기뻐해주는 것이 자네의 성공을 앞당겨주네. 그러니까 결코 모든 것을 혼자서 하겠다는 식으로 생각하지 말게. 만약 모든 것을 혼자서 하려고 하면 자네는 전에도 말했던 자영업의 개미지옥에 자기 자신을 던져 넣어 버리고 말기 때문이네. 이 같은 사실을 확실히 파악하기 바라네.

물론 이것은 스스로 사업을 해야 깨달을 수 있는 일이기도 하지. 그러니까 10년 후에 '아, 그때 게라 씨가 한 말이 이거였구나' 하고 떠올릴 정도로 기억해두길 바라네."

"분명 지금은 잘 모르겠습니다. 다만 많은 사람에게 도움을 받는 것이 중요하다는 사실은 이해했습니다."

"그것만으로 충분하네. 그 사실만 확실히 인식한다면 자네는 틀림없이 많은 사람에게 사랑받고 지지받는 사람이 될 걸세. 절대로 혼자서 성공을 거두었다고 착각하지 않길 바라네."

"예, 잘 알았습니다."

전문가의 협력을 받는다

"자네가 알았으면 하는 한 가지가 더 있네. 그것은 전문가의 지식을 활용하는 것이네. 전문가란 그 분야에서 탁월한 실력과 지식을 가진 사람이지. 유감스럽지만 우리 인간은 살아갈 시간이 70년이나 80년밖에 없네. 그것은 자유롭게 쓸 수 있는 시간이 절대많지 않다는 말이네.

사물의 이치를 모르는 사람은 '시간은 무한하다'라고 생각하고 중요한 시간을 낭비하지. 행복하게 성공하는 사람은 '자신의시간에는 끝이 있다'라고 생각하고 자신이 할 수 있는 최대의 것,즉 자신이 정말 좋아하는 일을 하고, 재능을 주변에 나누지. 그러나 필요한 모든 것을 스스로 배울 수는 없다네.

예를 들어 자네는 법률 공부를 열심히 할 수는 있겠지만 그분야에서 40년간 프로로 일해온 사람의 지식과는 대적할 수가 없네. 40년에 걸쳐 법률 공부를 한 전문가에게 조언을 청하면 1분안에 답이 나오지만, 만약 자네가 같은 답을 얻으려 한다면 40년이상의 인생을 써야만 하겠지. 그래서 나는 1시간에 몇백 달러라는 돈을 지불해도 아깝기는커녕 나를 위해 그 지식을 얻으려고40년간이나 노력해온 이 변호사에게 늘 진심으로 감사하다네.

자네도 그 같은 마음을 지니기 바라네. 그리고 전문가의 지식을 잘 활용하는 방법을 익혀두면 좋겠군. 그것은 법률뿐만이 아니라 투자, 건강, 의학, 설계, 디자인 등 모든 전문 분야에서도 마찬가지지. 자네는 팀의 감독이지 팀의 일원이 아니라네. **자네가 경영자를 목표로 한다면 한 사람의 플레이어로서 기술을 연마함과 동시에 감독으로서 역량을 익히는 것을 최우선 목표로 삼아야 하네.** 그러기 위해 다른 사람의 지지를 받을 수 있는 인격을 갖추라고 말하는 것이네."

내가 게라 씨 집에서 지낼 때 그의 고문 변호사를 한 번 본 적이 있다. 말쑥한 고급 슈트를 입은 완벽한 몸놀림을 가진 엘리트였다. 게라 씨는 하와이안 셔츠를 입고 시시한 농담만 하고 있었다. 젊은 변호사도 이에 지지 않겠다고 농담에 맞서며 응하고 있었지만, 게라 씨에게 압도당하고 있었다. 어느 쪽이 부자로 보였는가 하면 확실히 변호사 쪽이다. 하지만 그런 사람을 고용하고 있기 때문에 게라 씨가 대단하구나 하며 조금은 자랑스럽게 느껴졌다.

미팅이 끝난 후 게라 씨는 서재로 나를 불러 변호사와 알고 지내는 법을 알려주었다.

"사업을 하든 투자를 하든 법률과 세무에 밝아야 하네. 그러지 않으면 부자가 되기 어렵다네. 법률은 힘이라네. 그렇다고 해서 변호사나 회계사가 되라는 말이 아니네. 그것은 자네에게 오히려 멀리 돌아가는 일이 되겠지. 하지만 기본적인 것도 모르면 부자가 되는 속도는 훨씬 늦어지고 마네.

우수한 변호사와 회계사, 세무사를 고용해서 그들을 잘 다루어야 하네. 처음부터 너무 유명한 사람은 고용하지 않는 편이 좋네. 그도 그럴 것이 자네같이 젊은 사람은 상대해주지 않을 테니 말이네. 그보다는 자네와 함께 게릴라전에서 싸워줄 젊고 능력 있는 사람을 고용하게.

다만 어떤 일을 상담할지에 대해서는 주의해야 하네. 세무사와 변호사는 리스크를 아주 싫어하는 사람들이네. 그들에게 새로운 사업이나 아이디어를 얘기하면 반대할 때가 많지. 상담할 내용은 법률과 세무로 한정하게. 그들 대부분은 사업 경험이 없는데도 그럴듯한 조언을 한다네. 가장 좋은 것은 이전에 변호사나 세무사로 활동했다가 지금은 자기 사업을 하며 성공한 사람에게 조언을 구하는 것이지. 그들은 공격과 수비, 양쪽을 잘 알고 있을 걸세.

하지만 그런 사람은 자문위원이 되어줄 가능성이 적네. 보잘것없는 사업보다 좀 더 재미있고 돈 버는 일을 하고 있기 때문이지. 그러니까 자네로서는 예의 바르게 가르침을 청할 수밖에 없네. 부탁을 잘하면 성공으로 가는 계단을 잘못 밟지 않고 전진할 수 있네.

부자는 우수한 세무사를 고용하면 합법적으로 세금을 내지 않고도 일을 해결할 수 있네. 변호사와 세무사에게 주는 보수는 경비로 처리할 수 있지. 말하자면 세금으로 나갈 돈으로 우수한 사람을 고용하여 세금을 떼이지 않는 지혜를 사는 거네. 그래서 부자가 점점 더 부자가 되는 것은 당연한 일이지."

"말씀하신 내용은 잘 알고 있습니다. 어릴 때부터 많은 경영자를 봤기 때문입니다. 현명한 사람일수록 우수한 사람의 조언을 듣죠."

"그렇다네. 헨리 포드도 말했지. 성공하고 싶으면 자기보다도 훨씬 우수한 사람에게 둘러싸여 일하라고."

SECRET

12

성공을 앞당기는
파트너십의 힘

*The millonaire's
Philosophy for
happy life*

"사람은 어떨 때 행복을 느낀다고 생각하나?" 저녁 식사 후 테라스에서 게라 씨가 말을 꺼냈다.

나는 "글쎄요, 뭔가를 사거나 목표를 달성했을 때일까요?"라고 대답했다.

"그렇게 해서 얻는 행복은 일시적인 거라네. 사람은 다른 누군가와 인간적인 유대를 느낄 때 진정한 행복을 맛본다네. 누군가와 깊은 인연을 느꼈을 때, 마음의 평안을 얻는 것이지.

사람은 어릴 때부터 인간관계에서 많은 고통을 경험한다네. 그런 이유로 누구와도 인간적으로 깊게 연결되기를 두려워한다네. 하지만 진정한 의미에서 행복한 사람이 되기 위해서는 어떤 사람과도 우호적인 관계를 쌓고 신뢰 있는 관계를 오래 지속하는 것이 필요하네. 인간관계는 인생 최대의 즐거움이기도, 최대의 괴로움이기도 하지. 미국에서 회사를 그만두는 이유는 대부분 경제적인 것이 아니라 인간관계 때문이라고 하네. 거꾸로 급여가 아무리 낮아도 훌륭한 상사와 동료가 있으면 대체로 그 회사를 그만두지 않는다네."

"어떻게 하면 다른 사람과 좋은 관계를 유지할 수 있습니까?"

"자신에게 정직해지면 그렇게 어려운 일은 아닐세. 자기답게 지낼 것, 타인의 이야기를 잘 들을 것, 상대를 소중하게 대할 것, 자신의 진정한 마음을 상대에게 전할 수 있다면 좋을 것이네. 언제 어디서나 다른 사람들을 성실하게 대하게나."

에디슨, 포드, 록펠러의 공통점

어느 날, 부인과 어떻게 그렇게 사이가 좋은지를 물은 적이 있었다. 게라 씨는 부인인 도로시 씨를 끌어안고 생글거리며 이야기하기 시작했다. 그녀도 옆에서 빙그레 웃었다.

"인생의 행복 중에서도 사랑과 신뢰가 있는 부부 관계는 매우 가치가 있다네. 훌륭한 부부 관계는 기적을 낳기도 하지. 나도 인생에서 몇 번인가 큰 곤경에 빠졌었지만, 아내는 언제든 나를 신뢰하고 응원해주었네. 아내는 내 성공에서 제일 큰 은인이네. 훌륭한 위인에게는 반드시 그 사람을 지지해주는 파트너가 있

다른 사람과 좋은 관계를 유지하고 싶다면

네 가지를 명심한다.

자기답게 지낼 것,

타인의 이야기를 잘 들을 것, 상대를 소중하게 대할 것,

자신의 진정한 마음을 상대에게 전할 것!

게 마련이네. 에디슨도 포드도 록펠러도 모두 부인에게는 맞서지 않았네. 그들은 새로운 아이디어가 떠오르면 부인과 상의했던 것 같네. 그리고 부인은 그런 남편을 존경하고 진심으로 믿었네. 그 깊은 신뢰 관계가 통상적으로 상상할 수 없는 성공을 가져왔다고 생각하네."

"그런가요? 이혼율이 높은 미국에서 그건 훌륭한 일이네요."

"좋은 부부 관계는 부자가 되는 데도 아주 중요하다네. 왜냐하면, **불행해지면 사람은 돈을 써서 기분 전환을 하려고 하기 때문이지.** 하지만 아무리 돈을 쓴다고 해도 기분이 좋아질 리 없네. 특히 여성에게는 이런 경향이 강하지. 자네의 연봉이 몇억이 되어도 부인이 불행하다면 그 돈을 전부 써버릴 수도 있네. 그리고 그 같은 부인이 마음에 들지 않는다면 이혼밖에 선택지가 없어지지.

미국에서 이혼하려면 거액의 위자료가 필요하네. 아는 사람이 세 번 이혼하고 자녀가 다섯 있는데 그는 아무리 벌어도 수입이 조금밖에 손에 남지 않는다고 한탄하네. 아무리 시간이 흘러도 부자가 될 수 없게 된 거지. 부를 쌓기로 결심했다면 가장 사랑하는 사람과 결혼하고 언제까지나 행복하게 지내야 하네. 그것은 많은 부를 쌓는 것보다도 근사한 일이네.

내가 아내와 고등학교 때부터 사귀기 시작해 지금껏 헤어지지 않은 이유도 이해가 갈 걸세. 무엇보다도 지금까지 여성에게 선물한 것이 전부 내 손 안에 남아 있다네. 그것만으로도 엄청난 차이가 아닌가!"

마스터마인드가 행복과 풍족함을 쌓는다

"눈에 띄게 성공한 사람들 가운데 많은 사람이 파트너십의 위대함을 알지 못했다네. 파트너를 소홀히 해서 자멸해갔네. '마스터마인드mastermind'라고 들어본 적 있는가?"

"아니요, 무엇입니까? 그 마스터마인드라는 것이요?"

"그건 여러 마음이 같은 목적을 향해 하나가 된 상태를 말하네. 마스터마인드는 기적 같은 힘을 만들어내지. 성공한 사람은 이 힘을 이용한다네. 옛날에는 예수 그리스도의 제자들이 포교를 위해 마음을 합쳤다는 이야기가 있지. 현대에는 큰 프로젝트가 기적적으로 성공하는 예를 보면 그것을 알 수 있다네."

"고등학교 때 문화제가 예상외로 성공한 적이 있었습니다. 그런 것을 의미합니까?"

"그래, 맞아. 두 사람 이상의 마음을 합하면 기적을 만들어낸다네."

성공적인 파트너십을 위한 5가지 원칙

게라 씨는 성공적인 파트너십을 위한 몇 가지 중요한 사항을 알려주었다.

1. 문제가 있으면 그 자리에서, 그날 안에 해결하라

특히 남성은 이것저것 귀찮아져서 문제 해결을 미루고, 여성도 뭔가 다르다는 사실을 느끼면서도 그대로 지내는 경향이 있다. 그러면 두 사람 사이에 일었던 사랑의 불꽃은 작아지고 그동안의 열정은 식어버린다. 관계에 문제가 있다고 느껴지면 가능한한 그 자리에서 대화를 시도하고 문제를 해결한다.

2. 100퍼센트 합의로 결정하라

부부는 운명공동체다. 그러므로 그 배가 나아가는 방향이 어느쪽이든 100퍼센트 합의가 필요하다. 한쪽이 반대하는 것을 강행해서는 안 된다. 파트너보다 일을 소중히 여길 때 그런 잘못된 결정을 하고 만다.

3. 서로의 존재를 인생의 기적으로 여기고 감사하라

세계에는 80억이나 되는 인구가 있다. 그 많은 사람 가운데 선택

된 한 사람이 바로 당신의 파트너이다. 상대가 있는 것만으로도 기적 같은 일이다. 그 기적을 일상적으로 서로 확인하는 것이 파트너십의 성공 열쇠다.

4. 자신의 행복에 책임을 져라

무슨 일이 있어도 상대를 행복하게 해주고 싶다거나, 상대방도 나를 행복하게 해주는 것이 당연하다고 여기는 경향이 있다. 하지만 누군가가 다른 사람을 행복하게 할 수는 없다. 사람은 자기 자신만 행복하게 할 수 있다.

5. 부부는 운명공동체라는 사실을 인식하라

누가 돈을 벌든 부부의 것이라는 사실을 받아들여야 한다. 그것은 경제적 풍요로움이 두 사람의 사랑과 유대에서 들어오는 것이므로 입구가 어디인지는 그다지 중요하지 않다는 것이다. 공동사업처럼 인식한다.

백만장자의 사고방식은
따로 있다

*The millonaire's
Philosophy for
happy life*

다음 강의는 '의식'에 관한 것이었다. 게라 씨는 옛날을 그리워하며 조금 과장해서 말했다.

"내가 돈에 대해 배울 무렵, 최대의 발견은 돈을 자석처럼 끌어당기는 사람이 있다는 사실이었네. 그것을 발견하고서 스승께 말씀드렸어. 그러자 이 백만장자 사고방식millionaire mentality을 가르쳐주셨네."

"백만장자 사고방식은 무엇입니까?"

부자의 생각으로 세상을 보라

"그것은 한마디로 '풍요로운 의식'이네. 그 같은 사고방식으로 생활하면 부를 끌어당길 수 있네. 구체적으로 이 세계에는 풍요로움이 넘치고 사람은 계속 풍요로울 수 있다는 생각이네. 실제로 내가 만나온 성공한 사람들은 이 백만장자의 사고방식을 이해하고 나서 빠르게 성공했다고 한결같이 말했네. 그 정도로 이것이 중요하다는 뜻이지."

"풍요롭게 사는 사람은 과연 사고방식과 평소의 마음가짐을 그렇게 하고 있다는 뜻이군요."

"그렇지. 이 사고방식으로 살아가는 동시에 셀프 이미지도 높여야 하네."

내가 바라는 미래를 생생하게 이미지화하라

"셀프 이미지란 무엇입니까?"

"셀프 이미지란 '나는 누구인가'라고 생각하는 것이네. 예를 들어 자신이 멋진 사람이라고 생각한다면 그 사람의 셀프 이미지는 '나는 멋진 사람이다'가 되네. 사람은 이 셀프 이미지를 가지고 인생을 살아가네. 행복한 사람은 행복한 셀프 이미지가 있고, 불행한 사람은 불행한 셀프 이미지를 가지고 있네. 셀프 이미지란 '자아상自我像'이라네.

이 셀프 이미지가 높으면 높을수록 행복과 성공, 부를 끌어당길

수 있지. 예를 들어 자네는 지금까지 미국에서 성공한 사람들을 많이 만났다고 했는데, 어째서 그들이 자네를 만나주었다고 생각하는가?"

"아마 제가 외국에서 온 재미있는 젊은이라고 생각했기 때문일 겁니다. 실제로 그렇게 말하는 사람도 많았습니다."

"자네 스스로도 자신이 만날 가치가 있다고 믿는가?"

"예. 그렇다고 생각합니다."

"대부분 사람은 자네처럼 생각하지 않는다네. 그렇게 바쁘고 성공한 사람이 나 같은 사람을 만나줄 리 없다고 처음부터 굳게 믿고 있다네."

"그럴지도 모르겠습니다. 그렇다면 제 셀프 이미지가 높다는 말씀입니까?"

"그렇다네. 그 셀프 이미지를 다른 분야에서도 만들어가면 좋을 것이네. 예를 들어 연애할 때도 자신은 여성에게 사랑받을 가치가 있는 근사한 남성이라는 셀프 이미지가 있다면 어느 사이엔가 근사한 여성을 만날 수 있다네."

"그건 조, 조금 잘하지 못하는 분야입니다."

"연애 이야기는 이 정도로 하고, 이제 돈에 관해 이야기해볼까?"

"예, 기다리고 있었습니다!"

"부자가 될 수 있다고 생각하는 사람은 점점 부자가 되네. 한편, 자신은 돈과 인연이 없어, 금전운이 없으니까 절대로 부자가 될 수 없다고 생각하는 사람은 설령 복권에 당첨되거나 유산을 상속받는다고 해도 순식간에 돈이 사라지고 말 것이네. 그도 그럴 것이 인생은 셀프 이미지에 어울리게 이루어지기 때문이지. 예를 들어 자네는 장래 어떤 인물이 되고 싶다고 생각하나? 떠오르는 이미지 그대로 말해보게."

"저는 여러 회사의 경영자가 되고, 근사한 가족을 꾸리며, 많은 사람에게 빛이 되는 일을 하고 싶습니다."

"자네는 몇 년 후에 그것을 실현하고 싶은가?"

"글쎄요, 20년 후 정도일까요."

"20년이라면 자네가 마흔 살이군. 어째서 그것을 30세에는 이루지 못하나?"

"서른 살에 실현한 사람을 저는 개인적으로 모릅니다. 그러기는커녕 마흔 살에 목표를 이룬 사람도 모르죠. 그래서 무심코 마흔 살이라고 했습니다."

"단지 자네가 모를 뿐이네. 내 주변에는 서른 살에도 큰 부자가 된 사람이 많다네. 앞으로는 한층 더 젊어서 부자가 된 사람들이 점점 늘어날 걸세. 자네가 서른 살에 성공하지 못할 이유는 전혀 없네."

"그렇게 말씀하셔도 감히 상상이 되지 않습니다."

"상상한다고 벌을 받지는 않네. 눈을 잠깐 감고 상상해보게."

"예. 하지만 왠지 이미지를 떠올려버리면 나쁜 일이 일어날 것 같은 기분이 들어서, 이미지를 잘 그리지 못하겠습니다."

"바로 그것이네. **많은 사람의 최대 문제는 이상적인 상태를 이미지화하지 않는 것이네. 자네가 해야만 하는 첫 번째 일은 자신이 바라는 인생을 이미지화하는 것이야.** 그리고 이미지화를 할 때으레 나타나는 불안과 공포, 조바심을 정면으로 마주하게. 대부분 사람이 이 작업을 하지 않기 때문에 아무리 시간이 흘러도 똑같은 인생을 살면서 불평불만을 쏟아낸다네. 자네는 그 같은 사람이 되지 않기를 바라네. 자네라면 이 인생 성공의 수수께끼를 풀어서 성공을 실현할 수 있을 거네."

"그렇게 말씀해주시니 기쁘긴 한데, 제게 아무 능력이 없다는 생각이 듭니다."

"그렇지 않네. **지금 자네 안에는 잠들어 있는 능력이 많네.** 다만 자네는 그것을 알아차리지 못하고 있고, 그 재능을 꽃피울 방법을 모를 뿐이네. 저쪽에 있는 정원을 한번 보게나. 거기에 많은 씨앗이 심어져 있네. 조금 지나면 싹이 나오고 꽃이 피어 아름다운 화단이 될 것이네.

그러나 그것을 모르는 자는 이 흙만 있는 곳에서 꽃이 필 거라고는 도저히 생각하지 못하네. 성공도 이와 비슷하네. 자네가 생각하는 것 이상으로 자네에게는 많은 재능이 있다네. 재능이란 불가사의해서 발견되지 않으면 그 존재조차 깨닫지 못한다네. 지금 자네에게 이런 얘기를 해도 전혀 와닿지 않는다는 것도 잘 알긴 하네만……."

"말씀하신 내용을 정확히 알지는 못하지만, 재능이 넘쳐나는 사람도 젊은 시절엔 그 재능의 일부 조각조차 보지 못했다는 것은 이해가 갑니다."

"지금은 그걸로 충분하네. 자네가 원하는 인생을 여기에 적어보게."

나는 내가 바라는 인생을 써보았다. 그것은 여러 회사를 경영하는 것, 세계 여러 곳을 다니며 강연하는 것, 베스트셀러가 될 책을 쓰는 것, 세미나를 여는 것, 영향력 있는 친구를 사귀는 것, 행복한 가정을 꾸리는 것, 원하는 것을 마음껏 살 수 있을 만큼의 경제적 여유를 얻는 것, 스스로 자유롭게 쓸 수 있는 시간을 손에 넣는 것, 일상적인 집안일에서 해방되기 위해 필요한 도우미, 요리사, 운전기사를 고용하는 것……. 생각나는 대로 모두 써보았다.

그리고 게라 씨의 말대로 마흔 살이 아니라 서른 살까지 달성하자고 종이에 적었다. 이것들 전부가 서른 살에 실현된다는 것은 당시엔 아무리 생각해도 믿을 수가 없었다.

"지금은 이 모두를 실현할 수 있다고 생각하지 않아도 되네. 다만 그것을 종이에 쓰는 작업이 중요하지. 대부분 사람은 이런 일을 하는 것조차 비아냥거리며 하지 않네."

생각의 차이가 인생의 차이를 만든다

"행복한 부자가 되는 데 가장 중요한 것은 풍요로운 의식을 갖는 일이네. 내가 젊을 때 만난 부자는 콕 짚어 말할 수는 없지만, 뭔가가 나와는 다르다고 느꼈네. 자세히 관찰해보니 그들은 자신의 인생이 풍요로워질 수 있다는 확고한 믿음이 있었네. 사회나 경제 상황이 어떻든 간에 자신은 풍족해질 수 있다고 확신하고 있었지. 그들은 풍요로운 의식 때문에 거기에 끌리듯이 돈이 모이는 것이네. 돈뿐만이 아니야. 기회와 인맥, 풍족한 시간 등 모든 좋은 것이 그들한테로 찾아가게 된다네."

"그것이 풍요로운 의식입니까?"

"그렇다네. 그에 비해 돈과 인연이 없는 사람은 한마디로 '옹졸한 인생'을 살지. 지출을 가능한 한 줄이고 뭐든 아끼려고만 하네. 돈을 내야 할 때 내기를 아까워하고, 내지 않아도 될 때 휙 하고 써버리지. 그러므로 풍요로움으로부터 인연이 멀어지는 인생이 된다네. 나는 그 같은 마음 상태를 '빈곤 의식'이라고 부르네. 이 빈곤 의식을 가지고 있으면, 아무리 노력을 해도 빈곤한 상황만 끌어오는 거지."

"왠지 알 것 같은 기분이 듭니다. 저도 어릴 때부터 다양한 사람을 봐왔지만, 풍족한 사람은 여유로운 분위기였습니다. 경제적으로 잘 풀리지 않는 사람한테서는 확실히 빈곤 광선이 보였습니다."

"재미있는 표현이군. 흥미로운 점은 바로 이거네. 부자는 모두 이것을 믿지만 가난한 사람은 그런 것이 있을 리 없다고 생각한다는 것이지. 따라서 풍요로운 의식을 유지하기 위해 노력을 아끼지 말아야 하네."

"어떻게 하면 풍요로운 의식을 가지고 살아갈 수 있습니까?"

부자라는 생각이 부자를 만든다

"자, 이제부터 '풍요로운 의식을 높이는 비법'을 알려주겠네. 그것은 돈과 인연이 없을 때부터 부자라는 기분으로 생활하는 것이네. 부자가 된 듯한 기분으로 낭비를 하라는 말이 아니네. 반대로 부자라는 기분으로 자신의 이미지를 떠올리고 그렇게 된 것처럼 행동하라는 말일세."

"어떻게 하면 부자가 된 기분이 듭니까?"

"마치 이미 부자가 된 듯한 기분으로 행동한다는 것이네."

"아직 잘 모르겠습니다만······."

"간단한 이야기야. 돈이 있다고 늘 생각하게. 구체적으로 은행의 잔액 증명서에 0으로 쓰여 있는 오른쪽 부분에 직접 동그라미 4개 정도를 써넣게. 그리고 나는 천만 달러의 자산을 가진 부자라고 믿어버리는 거지."

"예에?" 어이없어하는 내게 장난기 가득한 얼굴로 게라 씨는 대답했다.

"자네한테는 천 달러 정도의 예금은 있겠지. 그 오른쪽에 네 개의 동그라미를 써서 넣는 거야. 자기 글씨로. 그렇게 하면 신기하게도 자네는 천만 달러를 가진 부자가 되지. 하하하, 어떤가. 좋은 아이디어 아닌가?"

"그것은 속임수 아닙니까?" 나는 흥이 식어버린 투로 말했다. 이 사람이 나를 놀리는 건지, 진심인 건지 알 수 없었다.

"그저 단순한 놀이네. 부자가 되는 게임이라고 생각해도 좋네. 딱히 은행에 이 돈을 가지고 가는 것도 아니고, 혼자 즐기는 것이니까 말이네. 그렇다면 물어보겠네. 장래에 자네가 천만 달러의 자산을 만들었다고 치면 전부를 현금으로 집에 둘 건가?"

"그렇게는 하지 않겠지요. 은행에 맡겨둘 겁니다."

"그러면 천만 달러를 은행에 맡기고 실제 현금으로 가지고 있지 않겠다는 말이군."

"그렇죠."

"그렇다는 것은 10년 후의 자네 지갑과 지금의 지갑에 들어 있는 돈은 크게 금액 차이가 없을지도 모른다는 것이네."

"예. 그럴지도 모르겠습니다."

나는 게라 씨가 무슨 말을 하고 싶은 건지 잘 몰랐다.

"그러면 미래의 부자인 자네와 지금의 자네와는 거의 차이가 없다는 뜻이군."

"은행 계좌에 찍혀 있는 동그라미 숫자 외에는 그렇겠군요."

나는 조금 빈정거리듯 말했다.

"바로 그거네. 잘 알고 있구먼. 그래서 0을 추가로 써넣는 거야!"

"······."

"자네는 미래에 틀림없이 부자가 될 것이네. 그것은 자네가 이미 천만 달러를 갖고 있다는 것과 마찬가지라는 의미네. 다만 시간차가 있을 뿐이지. 이렇게 생각하면 좋아. 천만 달러를 현재 가지고 있지만, 20년 만기 정기예금에 넣어두었다고 말일세. 이자율이 높으니까. 하지만 높은 이자가 붙는 대신 만기 때까지 인출

◇ **215**

할 수 없다는 조건이 붙은 정기예금인 거지. 하지만 자네의 재산 금액에 변함은 없네. 그 예금을 장래에 전액 인출하려면 다양한 지식을 얻거나 사업을 실제로 하는 일이 필요할 뿐이네.

하지만 재미있지 않은가. 즐기면서 20년 정기예금이 만기가 되기를 기다리게. 잘됐군. 일본의 백만장자 씨. 오늘부터 마치 부자가 된 듯한 기분으로 생활하게나. 다만, 수중에 현금이 없을 따름이야. 하하하. 이렇게 하면 자네의 잠재의식에는 틀림없이 강렬한 메시지가 새겨질 거네. 자, 속았다고 생각하고 해보게. 손해 볼 일은 아무것도 없지 않은가?"

"……."

나는 뭔가 새로운 사기 수법에라도 걸린 듯한 기분이 들었다. 하지만 그가 말한 대로 따라 해보니 확실히 부자의 마인드셋으로 바뀌었다.

과감하게 결단하고,
열정적으로 행동하라

*The millonaire's
Philosophy for
happy life*

어느 날, 게라 씨와 둘이서 레스토랑에 간 적이 있다. 웨이터가 인사를 하고 메뉴판을 건네자 게라 씨가 바로 주문을 했다. 나는 익숙하지 않은 영어 메뉴에 진땀을 흘리면서 겨우 내가 먹을 메뉴를 정했다.

　"자네는 무슨 일을 결정할 때 시간이 얼마나 걸리나? 무슨 일이든 결단을 내릴 때는 5분 이상 걸려서는 안 되네. 예전부터 성공한 사람들은 결단이 빠르다네. 군대에서는 특히 그렇다네. 꾸물거리다가는 말 그대로 목숨을 잃을 수 있지. 그렇다고 레스토랑의 메뉴를 목숨 걸고 정하라는 말은 아니네만. 나는 비즈니스를 할 때 그 자리에서 결단하는 습관을 들였기 때문에 무의식중에 무슨 결정이든 빨리 내린다네. 가끔 아내한테 혼이 날 때도 있지만 말일세. 레스토랑에서 메뉴를 결정하는 것은 물론이고 중요한 일은 바로바로 결정하는 것이 좋네. 결단에 관해 보통 사람이 이해하지 못하는 게 있네. 걸핏하면 결단을 미루라고 말하는 사람이 있는데, 천천히 결정하려는 유형이지. 하지만 자세히 들여다보면 그 사람은 자기도 모르게 큰 결단을 한 것이네. 바로 **'지금은 결단하지 말자'라는 결정이네. 이것이 인생에서 가장 큰 함정 가운데 하나라네.**

인생을 진지하게 생각하는 것은 번거로운 일이네. 그러므로 그것이 중요하면 할수록 아무것도 생각하지 않으려 하고 결정을 미루려고 한다네. 하지만 그 사람이 놓치는 부분이 있네. 그것은 인생을 헛되게 보내자고 결단하고 있다는 사실이지. 이 같은 사람은 실제로 큰 문제에 직면하지 않으면, 인생을 재점검하려고 하지 않는다네. 그것은 건강과 돈과 인간관계라네. 이 세 가지에 문제가 발생하지 않는 한, 미적지근하게 살아가려고 하지. 무엇인가에 직면하거나 한번 바꿔보자고 결의를 하거나 하지 않는 법이네."

"결단력을 기르려면 어떻게 해야 합니까?" 내가 물었다. 게라 씨는 내가 사전에 준비해두었던 종이에 쓰기 시작했다.

1. 무슨 일이든 의도적으로 결정한다.
2. 인생의 가치관, 우선순위를 분명히 한다.
3. 자신이 납득할 수 있을 때까지 기다린다.

4. 결정에는 실패가 없다는 것을 안다.

5. 한번 정하면 단호한 태도로 나간다.

스스로 결정하는 습관을 들여라

1. 무슨 일이든 의도적으로 결정한다

"결단력을 높이려면 의식적으로 결단을 해가는 수밖에 방법이 없네. 근육 훈련과 마찬가지야. 아무리 사소한 일이라도 적극적으로 결정하게. 오늘은 점심으로 햄버거를 먹자고 의식적으로 결정하는 것이지. 그리고 '치즈버거 2개. 피클 없이!'라고 구체적으로 즉시 결단하게. 이처럼 일상적으로 결정을 하다 보면 습관이 된다네. 옷을 고르거나 TV 프로그램을 선택할 때도 적극적으로 정하는 거네. 우습게 생각할 수 있지만, 이 차이가 나중에 큰 차이를 만든다네.

보통 사람은 잘못된 결정을 할까 봐 두려워 아무것도 결정하지 않으려고 하네. 반면에 성공하는 사람은 리스크를 무릅쓰는 것이 가장 리스크가 적다는 사실을 알고 있지. 그래서 실패할지도 모른다는 두려움과 맞서면서 항상 적극적으로 행동하지. 보통 사람은 결단의 결과로 나타날지도 모르는 일시적인 싫은 느낌을 회피하기 위해 평생 실패 속에서 지내고 마네."

2. 인생의 가치관, 우선순위를 분명히 한다

"한 가지 더 중요한 점은 끊임없이 인생의 우선순위를 분명히 하는 것이네. 대부분 사람은 자신이 무엇을 원하는지 잘 모른다네. 하지만 성공해서 부자가 되는 사람들은 다르지. 어떤 사람이 되고 싶은지, 어디에 가고 싶은지, 무엇을 하고 싶은지 등 평소 확실히 한다네. 따라서 자신이 바라고 있는 것이 오면 바로 결정할 수 있지. 나는 몇백만 달러짜리 부동산을 그 자리에서 바로 결정할 때도 있었네. 부동산 중개 담당자가 깜짝 놀랄 정도네. 그렇지만 나는 다른 물건을 수십 번 보고 난 뒤라서 내가 원하는 것을 확실히 알고 있네. 그래서 그것을 본 순간에 이미 답은 나와 있는 것이지. 이것을 결단력이라고 하네."

3. 자신이 납득할 수 있을 때까지 기다린다

"그렇다고 뭐든 빨리 결단할수록 좋다는 것은 아니네. 바로 결단하지 못할 때는 어쩌면 직관이 뭔가를 알려주고 있을지도 모른다고 생각하게. 나도 쉽게 결단하지 못할 때가 있네. 그럴 때 초조해하지 않으려고 애쓰네. 왜냐하면 서둘러 결단을 내리지 않은 덕분에 심각한 일을 당하지 않고 끝낸 적이 몇 번이나 있기 때문이라네. 하지만 평소 결단을 내리는 데 익숙해 있지 않으면 그 차이를 모른다네. 이것은 가르쳐주는 것만으로는 충분히 알 수가 없네. 경험을 쌓아야 비로소 잘할 수 있는 스피치와 비슷하지. 자신의 마음에 귀를 기울이게. 그리고 적확한 결단을 내리는 훈련을 하게.

기업가의 인생은 결정의 연속이라고 말해도 좋네. 계속해서 결정을 내리지 않으면 안 되네. 그것도 정보가 충분하지 않은 상태에서 말이네. 모든 정보가 빠짐없이 모일 때까지 결단을 미뤄서는 안 되네. 그때는 이미 결단이 더 빠른 사람이 앞서 나갈 수 있으니까."

4. 결정에는 실패가 없다는 것을 인식한다

"대부분 사람이 결정하지 않고 미루는 것은 실패가 두렵기 때문이지. 어릴 때부터 실패는 최악이라는 인식을 주입받았기 때문에 당연한 반응이야. 인생을 긴 안목으로 보면 어떤 결정을 내리든 그다지 큰 차이가 없었다는 사실을 깨닫게 되네. A라고 하는 기업에서 일할 것인가, B라는 기업에서 일할 것인가를 결정해야 하는 순간이 왔다고 해보세. 하지만 10년이 지나면 어느 쪽에서 시작해도 좋았다고 할지도 몰라. 인생에는 좋은 일도 나쁜 일도 일어나지. 그것은 상황을 어떻게 받아들이느냐에 따라 달라진다네. 그렇게 생각하면 결정하지 않고 아무것도 하지 않는 것이 가장 나쁘다는 것을 알 수 있지."

5. 한번 정하면 단호한 태도로 나간다

"한번 마음을 정했다면 단호한 태도로 임하게. 결단한 후에 망설인다면 잘 풀릴 일도 그르칠 수 있네. 이 길로 가겠다고 결정했다면 망설이지 말게. 그 길을 결연한 태도로 걸어가면 장애물도 이겨낼 수 있다네.

행동력은 성공의 핵심 요소라고 해도 좋네. 유능하고 경험도 있고 지식이 풍부한 사람도 성공하지 못하는 경우가 많네. 그것은 결단력과 행동력이 없기 때문이네. 그들 대부분은 무엇을 하면 좋은가, 어떻게 하면 좋은가를 전부 알고 있지만 이런저런 핑계를 대며 시작하지를 않지. **행동력은 실패에 직면할 수 있는 용기라고도 할 수 있네.**

무슨 일이든 실패할 위험은 있네. 사람들은 무의식중에 실패를 두려워하지. 보통 사람은 어릴 때부터 학교나 가정에서 실패하면 꾸중을 듣지. 이상한 말을 해서 바보 취급을 당하거나 비웃음을 산 경험이 누구에게나 있을 걸세. 실패나 잘못을 하면, 대개의 부모는 아이를 꾸짖지. 아이가 실패하면 잘했다고 말하는 부모는 거의 없어. 그러므로 어른이 될 무렵에는 실패에 대해 지나치게 두려움을 갖는다네. 학교에서도 마찬가지로 실수해도 괜찮다고 말하지 않지.

하지만 실제 인생에서는 잘못하거나 실패하지 않으면 아무것도 배울 수 없네. 자전거를 타는 것부터 테니스, 골프, 연애, 일 등 무엇이든 실패하지 않고 잘할 수 있는 것은 없네. 행동할 때마다 무의식중에 실패에 대한 두려움이 튀어나오지. 두려움을 극복하고 행동할 수 있는가가 성공의 열쇠이네. 세일즈도 그래. 실패에 강해지지 않으면 좋은 성적을 낼 수 없네. 상대에게 거절당한 횟수만큼 수입이 늘어난다고 말하는 사람이 있을 정도라네."

SECRET

15

포기하지 않으면
실패는 없다

*The millonaire's
Philosophy for
happy life*

어느 날 게라 씨에게 실패에 관해 물어본 적이 있었다.

"어르신은 인생에서 실패해본 적이 있으십니까? 저는 성공하고 싶지만, 실패가 두려워 움츠러들 때가 많습니다. 실패담도 들려주십시오."

"물론 나도 성공보다 실패를 더 많이 하고 있다네. 성공한 사람 대부분이 그렇다고 생각하네. 보통 사람은 성공하기 위해 한 번의 실패도 용납할 수 없다고 생각하네. 미국의 백만장자는 평균적으로 부를 쌓기까지 대개 한 번은 파산을 겪었던 사람들이네. 월트 디즈니도 그렇고.

실패했다는 것은 적어도 도전했다는 뜻이라네. 그것만으로도 대단한 것이야. 중요한 것은 거기에서 다시 시작할 수 있는 정신력이지."

실패는 도전했다는 뜻이다

"실패를 어떻게 극복하면 좋습니까?"

"우선 실패를 무엇이라고 생각하는지부터 시작해보세. 어떤 신문기자가 에디슨한테 전구를 발명할 때 1만 번 가까이 실패한 일에 대해 재미있는 인터뷰를 한 적이 있네. 신문기자는 '만약 당신이 1만 번으로도 성공하지 못했다면 지금쯤 어떻게 되었을 거라 생각하십니까?' 하고 물었네. 에디슨은 '글쎄요, 아마 지금도 연구실에서 실험을 계속하고 있겠지요'라고 답했다네. 실패에 대해 그 이상으로 잘 설명하는 에피소드는 없다고 생각하네.

실패란 포기했을 때만 일어나는 현실이네. 성공하지 못한 현실을 받아들였을 때 비로소 실패했다고 말할 수 있지. 잘 풀리지 않는 방법을 찾고 있을 뿐이라고 생각한다면 자네의 성공도 머지않았다고 말할 수 있을 걸세.

또 실패라는 좌절을 재난처럼 생각하지 말게. 내 나이쯤 되면 젊은 시절의 실패는 즐거운 추억이 되니까 말일세."

"어르신과 이야기를 하고 나니 실패가 특별한 일이 아니라는 생각이 듭니다."

현재에 의식을 집중한다

"현재에 자신의 의식을 집중시키는 것도 중요하네. 긍정적 사고를 하는 사람은 에너지를 미래에 너무 집중시키는 경향이 있지. 그리고 부정적 사고를 하는 사람은 과거에만 신경을 쏟아서 그때 이렇게 했더라면 하고 늘 후회하지. **실패는 미래에 절망했을 때와 과거의 체험이 쓸데없었다고 판단했을 때 확정된다네.**"

"과연 그렇군요. 하지만 자기도 모르게 미래나 과거로 눈이 가고 맙니다."

"인생은 지금 현재 이 순간에 눈앞에서 일어나는 것이네. 소중하고 멋진 인생이 눈앞에 있는데도 미래의 계획을 세우느라 바빠서 현재를 즐기지 못하네.

석양이 눈앞에서 아름답게 펼쳐지는데 내일의 석양에 마음이 빼앗겨서 오늘의 장대한 풍경을 보지 못하는 것과 똑같네. 과거의 일만 생각해서 현재를 잃어버리는 것도 마찬가지지.

성공하는 데는 에너지가 많이 필요하다네. 목표가 무엇이든 현재에 집중해야 가장 빨리 달성할 수 있네.

지금, 진심으로 즐길 수 있는 일에 전심전력을 기울이게. 그 같은 삶의 방식이 자네에게 정신적 기쁨과 경제적 풍요로움을 함께 가져다줄 것이네."

SECRET
16

꿈꾸는 자가
인생을 바꾼다

*The millonaire's
Philosophy for
happy life*

"꿈은 이루어지지 않기 때문에 꿈이다"라고 말하는 사람이 있는데, 정말 그럴까? 꿈을 이루려면 어떻게 첫발을 내디뎌야 좋을까?

"행복하게 성공하기 위해서는 꿈을 갖는 것이 필요하네. 꿈은 행동하게 하는 힘이 있기 때문이네. 처음에는 개인적인 꿈으로 시작해도 전혀 문제없네. 이런 일을 하고 싶다거나 이런 것을 가지고 싶다거나 하는 것으로도 충분하네. 그러는 사이에 꿈이 점차 실현되는 것을 느낄 걸세. 자신이 만족스러우면 인간은 재미있게도 다른 사람에게도 뭔가 해주고 싶다는 생각을 하게 된다네. 자네는 젊은 나이에 이미 그런 단계에 와 있네. 그러므로 빠르게 성공할 수 있을 걸세."

"저는 예전부터 여러 가지 꿈이 있었습니다. 미국에 오거나 어르신과 같이 세계적으로 성공한 사람을 만나는 것도 그중 하나입니다. 또 제 사업을 성공시켜 재단을 만드는 꿈도 있습니다."

꿈을 갖는 것을 멈추지 마라

"자네라면 모두 실현할 수 있을 거네. **중요한 것은 꿈을 잊지 않는 거라네. 유감스럽게도 대부분 인간은 꿈을 잊어버리고 산다네.**"

"그럴지도 모르겠습니다."

"위대한 업적을 이룬 사람은 꿈이 가진 힘을 잘 알고 있지. 큰 사업을 시작하거나 정치적으로 눈부신 업적을 올린 지도자는 꿈이 가진 힘을 이용하지.

예를 들면, 월트 디즈니는 늘 꿈을 꾸는 아이 같은 사람이었네. 헨리 포드와 에디슨도 자신의 일이 세계를 바꿀 거라는 꿈을 꾸었어. 포드는 전 세계 사람이 자동차를 탈 수 있는 세계를 꿈꾸었네. 에디슨은 마법처럼 편리한 전기를 전 세계 사람이 이용할 수 있다는 꿈을 꾸었지. 파나소닉의 창립자도 가전제품을 수돗물처럼 일반 사람들에게 보급하고 싶다는 꿈이 있었다는 것을 읽은 적이 있네.

이렇듯 꿈을 좇는 사람이 비즈니스의 세계에만 있는 것은 아니라네. 존 레넌은 국경 없는 세계를 꿈꾸고 평화를 바라면서 음

꿈은 행동하게 하는 힘이 있다.

큰 사업을 시작하거나 정치적으로 눈부신 업적을 올린

지도자는 꿈이 가진 힘을 이용한다.

중요한 것은 꿈을 잊지 않는 것이다.

악을 만들었지. 킹 목사는 인종이 다른 사람이 친구로 살아가는 세상을 꿈꿨네. 그들의 메시지가 많은 사람의 마음에 가닿았던 것은, 그들이 꿈을 가지고 있었기 때문이지. 한 사람의 꿈이 얼마나 많은 사람의 인생을 바꾸는가를 자네가 이해하기 바라네. 자네도 결국 그 힘을 체험할 것이네."

꿈꾸는 사람이 세상을 바꾼다

"어르신은 지금 어떤 꿈이 있습니까?"

"내게는 큰 꿈이 있네. 그것은 온 인류가 자신이 좋아하는 일을 하고 서로 존중하며 즐거워하는 지구의 미래라네. 그곳에서는 모두가 아침에 일어나면 좋아하는 일을 하지. 자신이 빵 굽는 것을 좋아하면 빵을 굽고, 노래 부르는 것을 좋아하면 노래를 부르지. 돈은 전혀 필요 없는 곳이라네. 노래를 부르는 사람이 배가 고프면 친구네 빵집에 가지. 그곳에서 친구는 부랴부랴 빵을 굽지. 그에게 '고마워. 빵이 맛있게 구워졌군'이라고 말하며 한 개를 받아서 가는 거야.

지구의 자원이 잘 분배되어 모두가 좋아하는 일을 하네. 그곳에서는 참는다거나 경쟁한다거나 서로에게 심술궂게 할 여지가 없지. 모두가 행복하게 살고 있기 때문이지. 자기답게 즐겁게 매일매일을 보내고 가족이나 친구와 마음 편한 시간을 보내지. 그런 세상을 꿈꾸고 있네."

"상당히 낭만적인 꿈이네요. 하지만 정말로 그 꿈이 이뤄진다면 최고일 것입니다."

"나는 지극히 현실적인 비즈니스 세계에 몸담고 있었지만, 마음은 늘 그런 세상을 꿈꿔왔네. 실제로 사업을 통해 사람들이 조금이라도 풍요롭게 살 수 있는 세상을 실현하고자 계속 노력하고 있네. 그런 세상이 언제 실현될지 모르겠지만 우선은 꿈꾸는 일부터 시작하는 게 중요하다고 생각하네.

이 지구도 내가 자네 나이 때와 비교하면 대단히 좋은 곳으로 바뀌었다네. 그때는 전쟁이 각지에서 일어나 도대체 어떤 일이 일어날지 불안한 나날을 보냈다네. 지금은 당시와는 생각지도 못할 정도로 좋은 세상이 되었네. 게다가 그 속도는 점점 빨라지고 있지. 분명 앞으로 수십 년 지나면 전 세계가 연결되고 서로가 좀 더 이웃 같은 생각이 드는 날이 올 것이네. 그렇게 되면 서로를 친구처럼 소중히 여기는 시대가 될 것이네. 아쉽지만 나는 그런 세상을 하늘에서나 볼 수 있겠지. 자네들이 일하는 모습을 말이네."

작은 생각의 차이가
행복한 부자를 만든다

*The millonaire's
Philosophy for
happy life*

정원 한쪽에 피어 있는 꽃을 바라보면서 게라 씨는 이야기를 꺼냈다.

"인생에서 주어진 모든 것을 받아들이는 것은 매우 중요하네. 대부분 사람은 좋은 것만 받아들이고, 나쁜 것이나 마음에 들지 않은 것은 받아들이고 싶지 않다고 생각하며 살아가지.

인생에서 일어나는 모든 일은 중립적이어서 좋은 일도 나쁜 일도 아니라네. 어디에 의식을 집중하느냐에 따라 그것을 끌어당기는 법칙이 있다는 것을 아는가? 얄궂은 것은, 보통 사람은 자기가 끌어당기고 싶지 않은 사실을 아침부터 밤까지 생각하느라 결과적으로 이것만은 싫다고 하는 것을 현실에서 실현해버린다네. 자기가 아주 싫어한다고 생각하는 것과 나쁜 일을 실현시키는 것이지."

"좀 더 구체적으로 설명해주시겠어요?"

좋은 일도 나쁜 일도 해석하기 나름이다

"예를 들어 운을 좋게 하고 싶은 사람이 있다고 하세. 하지만 인생에서 운이 좋기를 바라는 사람 대부분은 마음가짐이 잘못되어 있어서 운이 없는 인생을 보낸다네. 그 원인을 생각하지 않고 그저 '운만 좋아지고 싶다'라고 바라는 자는 점점 운이 없는 현실을 끌어당기고 마네.

한편 운이 좋은 사람이란 '나는 운이 좋다'고 믿으며 '운이 좋아지고 싶다'라고는 생각하지 않네.

이 미묘한 차이가 운이 좋은 인생과 나쁜 인생을 가른다네. 그러면 대부분 사람은 당연히 좋은 인생을 선택하고 싶다고 생각할 것이네. 그러나 **인생에는 좋은 일도 나쁜 일도 딱히 없다**는 사실을 알아두면 좋겠네.

그건 말이지, 어떤 사람에겐 근사하고 좋은 일이 어떤 사람에겐 아주 안 좋은 일일 수도 있기 때문이네. 단순히 일어나는 중립적인 일을 어떻게 해석해서 인생에 활용하느냐에 따라 자네의 인생이 결정된다는 뜻이네.

'나쁜 일이 생기지 않기를' 바라며 두려움 속에서 살아갈 것인지, 아니면 '내게 오는 것은 전부 최고야. 그러니까 모든 것을 받아들이자' 하는 태도로 살아갈 것인지에 따라 마음의 평안함이 완전히 달라지네. 좋은 일도 나쁜 일도 없다고 생각하고 자신에게 일어나는 모든 일을 받아들이자는 마음가짐만이 마음의 평안을 가져다줄 걸세.

예를 들면, 나는 하마터면 나치의 강제수용소에 들어갈 뻔해서 재산 하나 없이 간신히 미국으로 도망쳤다네. 그것 자체가 나쁜 일이라고 생각하는 사람이 있을지 모르겠네. 하지만 나는 아무것도 없는 무無의 상태에서 부를 만드는 힘을 기를 수 있었네. 그리고 그런 힘을 많은 사람과 나눠 가짐으로써 그들을 부자로 만들어주었네. 만약 내가 그대로 유럽에서 고만고만한 성공을 했었다면 이 같은 능력을 갖출 수도 없었을뿐더러 많은 사람을 행복하게 하지도 못했을 것이네.

그렇게 생각하면 내게는 그때 재산을 모두 잃고 빈 몸으로 도망쳤던 일이 오늘의 행복을 만든 계기가 되었던 것이네. 그래서 인생의 불가사의함에 감사하고 그것을 받아들이며 산다네. 나에게 일어나는 현상에서 내가 무엇을 할 수 있는지 생각하고 눈앞의 일을 해나가는 것. 그 같은 각오가 있어야 비로소 행복하고 풍요롭게 살아갈 수 있다네. 좋은 일만을 선택해서 살겠다는 건 불가능한 일이지."

성공이 가져오는 7가지 그림자

"지금부터 할 이야기는 아직 자네에게는 와닿지 않을지도 모르네. 그러나 진정한 의미의 성공을 하기 위해 아주 중요한 것이니까 잘 들어주기 바라네."

평소와 달리 진지한 어조로 게라 씨가 말했기 때문에 나는 자세를 조금 고쳐 앉았다.

"성공하면 인생이 장밋빛이 된다고 믿는 사람이 많네. 하지만 실제로 성공해보면 상상했던 것과 많이 다르다는 사실에 당황한다네. 자네는 성공에 딸려오는 것이 무엇인지 알아두면 좋겠네. 재능이 넘치는 대부분의 성공한 사람이 이 사실을 몰라서 실패하거나 절망해서 개중에는 스스로 목숨을 끊는 일도 있다네.

성공의 밝은 측면이 돈, 사회적 주목, 사업의 성장이라고 한다면, 지금부터 말하는 것은 성공의 그림자라고 부를 만한 것이네. **빛이 있으면 그림자가 있다는 사실은 자연의 섭리라네.** 행복하게 성공한 사람은 이런 어둠도 확실하게 통합한 뒤 균형 잡힌 인생을 산다네."

나는 그 어느 때보다 중요한 것을 하나라도 더 전해주려는 게라 씨의 마음을 온몸으로 느끼면서 조용히 그의 말에 귀 기울였다.

1. 자신을 잃어버리는 것

"첫 번째는 자네 자신에 관한 일이네. 자기가 하는 일이 확대되고 주변 사람들이 자네를 주목하면 여러 가지 일이 생길 것이네. 그 중 하나는, 내가 생각하는 나와 주위에서 생각하는 내가 서로 어긋나는 것이네. 처음엔 대수롭지 않게 여기며 무시하겠지. 하지만 성공할수록 이 괴리감은 무시하지 못할 정도로 자네를 괴롭힐 걸세.

이 어긋남을 제대로 파악하지 않으면 자네의 내부에서 어느 날 자아가 붕괴하고 만다네. 한마디로 '내가 누구인지 모르게 된다'는 것이지. 대부분 사람은 자네의 본질이 아니라 자네의 주변에 있는 것(돈이나 사회적 성공)에 시선을 빼앗기기 때문이네. 하지만 자네 자신을 확실히 잘 알고 있다면 두려워할 일은 없네. 다만 주위에서 부는 강한 바람에 자신을 잃어버리는 일이 있을 수 있다는 점을 알아두게."

"자신이 누구인지를 알고 있으면, 외부의 목소리에 현혹되지 않는다는 뜻이군요?"

"그렇다네. 자네는 다른 사람들이 잘되기를 바라며 행동하기 때문에 그 부분이 자네의 발목을 잡을 수도 있다네."

"어떤 뜻입니까?"

"한마디로 말하자면, 사람은 남이 잘되기를 바라지 않는다는 것을 보고 상처를 받고 만다는 뜻이네. 대부분 인간은 타인의 인생을 좋게 만들고 싶다고 생각하지 않는다네. 하지만 자네는 인류를 행복하게 해주고 싶다고 생각하지. 그 차이를 견뎌내지 못해서 괴로워질 것이라는 소리네."

"분명 말씀하신 대로예요. 어떻게 하면 좋을까요?"

"사람은 각자 최고의 인생을 보내고 있다고 믿어주는 것이네. **모든 사람에게는 각자 최고의 타이밍이 있는 법이거든.**"

"저는 잘 모르겠습니다."

"괜찮네. 앞으로 절망에 빠질 때 이 대화를 기억해주면 되네." 그는 다정하게 미소 지었다.

2. 사랑하는 가족과 동료, 친구를 잃는 것

"성공을 목표로 하는 사람은 대부분 사업에 의식을 집중한다네. 24시간 일에 몰두해서 휴식할 여유도 거의 없을 때가 많지. 그래서 가까이 있는 중요한 동료와 가족, 친구와 함께 시간을 보내는 것을 소홀히 하기 쉽다네. 결과적으로 사업에서 성공해 경제적으로 풍요로움을 얻었다 해도 소중한 것을 잃어버리게 되네. 경제적으로 성공한 많은 사람이 개인적으로는 불행한 생활을 하는 것도 그 때문이라네."

"이런 이야기를 듣지 않았다면 저도 틀림없이 그 덫에 빠졌을 것입니다. 사업을 하는 것은 무서운 것이기도 하군요."

"그렇다네. 그들도 행복하려고 성공을 꿈꿨을 것이네. 하지만 가족과 행복하고 즐겁게 지내기 위해 시작했던 회사 경영이 오히려 가족과 멀어지는 걸림돌이 되어버린다는 것은 아이러니한 일이지. **인생에서 가장 중요한 것은 아주 쉽게 부서질 수 있다네. 한순간에 잃어버릴 수도 있지.** 날마다 소중히 여기고 마음을 쓰지 않으면 시들어버리는 꽃과 같다고 할 수 있네. 우정이나 애정을 키우는 데는 긴 시간과 배려와 노력이 필요하다네.

그러나 성공한 대부분 사업가가 거래처에 마음을 쓰는 만큼 가족을 소중히 하지 않는 것이 현실이라네. 특히 30대, 40대는 사업가로서 가장 바쁠 때인 동시에 아이가 어리고 귀여운 시기네. 그럴 때 딜레마에 빠지지 않도록 그때까지 사업을 충분히 익혀야 하네.

자네라면 틀림없이 할 수 있을 걸세. 그리고 자신감이 생기면 이번에는 사업적 성공과 개인의 행복 사이에서 균형을 잡는 방법을 주변에 가르쳐줄 수도 있지."

"지금은 그렇게 수준 높은 일은 도저히 생각할 수 없습니다. 제가 성공한다면 그걸로 충분합니다."

"자네는 자신을 과소평가하는군. 뭐, 때가 오면 자신의 그릇을 알게 될 걸세."

3. 오르막이 있으면 내리막도 있는 것

"성공하면 재미있는 현상이 일어난다네. 이것을 이해해두면 실제로 그 같은 일이 일어났을 때 당황하지 않고 대처할 수 있다네. 자네의 사업이 순조롭게 성공하고 있다고 해보세. 하지만 어느 시점에 상승 기류를 타다가 하강 기류에 들어가는 일이 있네. 매출이 급감한다든지 시장 환경이 변한다든지 종업원이 배신한다든지 하는 일이지.

어쨌든 예상하지 못한 일이 갑자기 일어나 온몸에 식은땀이 날 때가 있지. 지금까지 고생해서 쌓아온 것이 일순간에 무너져버릴지도 모른다는 두려움에 휩싸이지. 그때 이 공포에 얼어붙어버리면 아무것도 할 수가 없네. 한 걸음 앞으로 나아가느냐 마느냐가 승부를 가른다네. 이는 다음 단계로 가기 위한 하나의 통과의례 같은 것이네. 진정한 리더가 되기 위한 커다란 한 걸음이라고 할 수 있지."

"그것을 피할 수는 없습니까?"

"유감이지만 그럴 수는 없네. 그러나 피해를 줄일 수는 있지. 솟구치는 공포로부터 도망치지 않는 것이네. **공포는 개와 비슷해서 도망가면 뒤에서 쫓아온다네.**"

"말씀을 듣기만 해도 무서워서 오줌을 지릴 것 같습니다. 무척 한심스럽지만요……."

"하하하. 뭐, 지금은 괜찮네. 그때가 되면 잘 대처할 수 있을 걸세."

4. 자신과 가족, 가까운 사람에게 닥치는 병이나 사고

"자네를 겁주려는 것은 아니지만, 이것도 중요해서 말하지 않을 수 없네. 급성장하는 회사에서 일하는 사람에게는 병이나 사고가 일반 회사보다도 많네. 경영자의 자녀들이 사고를 당하거나 가족이 원인불명의 병에 걸리거나 하는 것을 자주 봤지. 급성장의 부작용이 그런 식으로 나오는 거라네. 최고경영자가 앞만 보고 달리다 보면 그런 부작용이 일어나게 마련이네."

"그건 왜 그렇습니까?"

"비즈니스와 돈은 일종의 에너지라네. 그곳에 소용돌이가 발생했을 때 신경을 쓰지 않으면 그 힘에 압도당하고 마는 거지. 특히 돈에는 여러 에너지가 가득 차 있다네. 욕망과 분노, 슬픔, 질투 같은 감정으로 가득하지. 그 에너지를 잘 흐르게 하지 않으면 어디선가 부작용이 드러나고 마는 것이네."

"그런 일이 있습니까?"

"실제로 내가 말하는 것들은 현실에서 겪은 일들이네. **사업을 성장시킨다면 조금 느긋한 속도로 하는 것이 알맞네.** 급격히 성장시키려 하다 보면 여기저기서 부작용이 생기기 마련이네."

5. 주변의 비판과 자기 불신

"이것도 마찬가지로 심각한 일이네. 사업을 시작할 때 자네는 큰 꿈과 희망을 품었을 것이네. 하지만 대부분 사람은 새로운 변화를 환영하지 않네. 누구도 자네가 바뀌기를 바라지 않을 걸세. 만약 그것이 근사한 변화라고 해도 대부분 사람은 현상 유지를 원하지. 더 성가신 점은 사람들이 자기 자신에게만 그렇게 바라는 것이 아니라 주변 환경에 대해서도 그대로 있어주기를 바란다는 사실이네."

"그리고 저도 그 환경에 속하는 한 사람이라는 뜻이군요."

"그런 뜻이지. 따라서 자네가 성공하겠다고 생각해도 주변 사람들은 자네를 다 뜯어말리려고 하네. 물론 가족과 친구들은 마음속으로 자네의 행복을 바라고 있네. 다만 그들과 자네가 생각하는 행복의 정의가 조금 다를 뿐이지. 그들은 자네가 변하지 않고 평범하게 살아가는 편이 행복해질 수 있다고 믿네. 자네는 자기답게 좋아하는 일을 통해 성공하고 싶다고 생각하지. 당연히 그 사이에 갈등이 생긴다네."

"이미 비슷한 일을 경험했습니다. 저는 고베에서 태어났는데 도쿄에 있는 대학에 가고 싶다고 했더니 가족과 친척 모두가 반대했습니다. 기껏해야 대학인데도 굉장한 반발을 샀었죠."

"그러면 내가 말하고자 하는 바를 잘 알겠군. 반대하는 사람의 눈을 한번 보게. 틀림없이 그 안에 깃든 공포를 알아챌 수 있을 것이네. 누구라도 변화는 두려운 법이지. 나쁜 변화도 두렵지만 좋은 변화에도 두려움을 느낀다네. 주변의 반대를 겁내서는 아무것도 할 수가 없네. 내 인생의 스승에게 배운 것을 자네한테도 알려주겠네. 그의 가르침을 받고 내 인생은 크게 바뀌었네. 그것은 바로 반대와 비판을 어떻게 받아들이느냐에 관한 것이네."

"꼭 가르쳐주십시오."

"그건 말이지, 주변의 비판이나 반대의 본질을 아는 것이네. **우선 비판이란 단순히 그 사람이 사물을 어떻게 생각하는지에 대한 의견 표명에 지나지 않네. 자네의 가치와는 전혀 상관이 없는 것이라네.**"

"하지만 저도 모르게 개인적으로 받아들이게 되고 맙니다만."

"그것은 인간이 약한 존재이기 때문이지. 상대와 인격적 경계선이 확실하다면 그런 일은 일어나지 않네."

"또 한 가지는 무엇입니까?"

"**비판의 본질은 자네가 앞으로 나아가기 위한 역풍이라는 것이지.** 비행기가 날아오를 때, 아무 저항이 없으면 날아오르기 어려운 것과 마찬가지네. 하늘을 날기 위해서는 역풍이 필요하다네. 연애도 그렇다네. 주변의 반대에 부딪힐수록 사랑이 더욱 불같이 일거든. 반대와 비판이 있어야 비로소 자신이 하늘로 날아오를 준비가 되었는지를 알 수 있다네.

자네를 비판하는 사람을 원망할 것인가, 진심으로 감사할 것인가가 자네의 사람 됨됨이를 결정한다네. 자네를 비판하는 사람은 때때로 자네를 가장 잘 이해하는 사람이기도 하거든. 실제로 아무런 관심이 없다면 자네를 비판할 일도 없겠지. 자네가 잘되기를 바라는 마음이 부정적으로 치우쳤을 뿐이니까."

"그렇군요. 저를 비판하는 사람에게 감사해야겠군요. 가끔 아무 설명 없이 비판만 들으면 도무지 이해하기 힘들었거든요. 잘 알았습니다. 이제 무엇을 시작할 때 두려움이 상당히 줄어들 것 같습니다."

"은인에는 세 가지 유형이 있다는 것을 알아두게. 첫 번째는 자네를 진심으로 응원해주고 무슨 일이 있을 때마다 긍정적인 말을 건네는 유형이네. 이 사람들이 은인이라는 것을 아는 데는 그리 대단한 지성이 필요하지는 않을 걸세.

두 번째 유형은 좀 전에 말한 부정적 은인이네. 자네에게 부정적인 말을 하고 지금까지 깨닫지 못했던 사실을 알려주지. 또 정말로 할 마음이 있는지 없는지를 시험해보게 하는 것도 이 사람들이네. 이들을 은인이라고 보려면 지성이 조금 필요하다네.

세 번째 유형은 자네가 알아채지 못하는 곳에서 자네를 응원해주는 사람들이지. 이 사람들은 자네의 꿈과 열정을 헤아리고 자네가 모르는 곳에서 조용히 자네의 활동을 지지해주고 있네. 성공하고 싶다면 이 세 번째 은인의 존재를 알아채어 남몰래 감사해야 하네."

"대단하네요. 정말 거기까지는 생각이 미치지 못했습니다. 하지만 지금까지 이야기를 듣고서 잘 알게 되었습니다. 행복하게 성공하는 사람은 감성이 정말 다르군요. 저는 맨 처음의 은인도 알아채지 못하는 한심한 사람임을 통감했습니다. 지금까지 보지 못했던 것이 또렷이 눈에 들어오는 기분입니다."

6. 불신, 경쟁, 질투, 미래에 대한 불안

"이것은 맨 처음에 말한 '자신을 잃어버리는 것'과 조금 다른 내용이네. 성공함에 따라 여러 감정을 일상생활에서 느끼게 되네. 타인을 믿지 못하게 된다거나 경쟁 상대와 다투거나 참모에 대한 경쟁심을 느끼기도 하지. 또 자신보다 능력이 뛰어난 삶에 대한 질투심을 억누르기 힘들 때도 있다네."

"성공한 사람도 그렇습니까?"

"물론이지. 승승장구할 때는 마치 피해망상처럼 이 같은 감정이 소용돌이치네. 상담할 멘토가 있다면 좋겠지만 대개는 멘토에게 가르침을 구하는 일 같은 것은 생각하기도 힘드니까 결국 혼자서 끙끙거리며 속앓이를 하지."

"성공한 사람도 미래에 대한 불안이 있습니까?"

"불안이 있는 것을 넘어 불안투성이라고 하는 것이 맞을 걸세. 지금의 성공이 계속될지 알 수 없으니 불안해서 견딜 수가 없네. 그러다 보면 일에 과몰입해서 일 중독이 되어버리지."

"불안을 극복할 방법이 있을까요?"

"그러려면 자신의 내면에 있는 실패자와 타협을 해야만 하네. **자신이 실패해도 그것을 받아들이고 사랑할 수 있다면 실패를 두려워하지 않게 될 것이네.**"

"왠지 내용이 심오하군요. 자신이 실패자가 되는 것을 인정하라는 것입니까?"

"그렇네. 성공하든 실패하든 어느 쪽이든 괜찮다고 하는 경지에 이르러야 진정한 의미에서 행복해질 수 있네."

7. 성공에 대한 두려움, 위대한 자신에 대한 저항

"최후의 그림자는 성공에 대한 두려움이네. 어떤 심리학자에 따르면, 인생에서 최대의 공포는 죽음보다도 성공하는 것에 대한 두려움이라고 하네. 내 경험에 따르면 그 말이 맞네. 보통 사람은 실패하는 쪽을 두렵다고 생각하겠지. 하지만 그것은 성공에 대한 두려움과 비교하면 대단한 두려움은 아니네.

실패는 괴롭지만, 참고 노력하면 극복할 수 있네. 성공은 말하자면 방대한 에너지를 온몸으로 받아들인다는 것이네. 나이아가라 폭포 아래에서 폭포수를 맞고 있는 것과 같네. 그 정도로 많은 풍족함, 애정, 우정이 찾아오면 대부분 사람은 자기 안의 무가치감으로 인해서 그것을 다 받아들이지 못하네. 진정으로 성공한다는 것은 모든 변화를 받아들인다는 뜻이네.

변화는 보통 아픔을 동반하지. 친구가 없어진다거나 현재의 배우자와 이별하거나 상사나 동료가 떠나가거나, 과거의 자신과도 결별해야 할지도 모른다네. 그런 예측하지 못할 상황과 마주치기보다는 풍요롭지 않지만 행복한 현재 상황을 소망하게 되는 것이지.

진정한 성공이란 인생에 자기 자신을 온전히 맡기는 것이네. 그렇게 할 수 있는 사람은 많지 않다네."

게라 씨와 보낸 마지막 하루

"자, 이제 자네한테 모든 것을 알려주었네. 마지막으로 큰 난관이 하나 남았네. 그것은 자네 자신이 모든 가르침을 잘 익혔는지를 시험하는 것과 동시에 여행을 떠나기 전에 준비하는 일이기도 하네. 그러면 얼마 전에 갔던 무인도에 다시 가보세. 괜찮겠나?"

"예. 잘 알겠습니다."

순순히 답하긴 했지만, 지금까지 시험이 어려웠던 만큼 마지막 시험은 어떤 것일까 하며 걱정이 올라왔다. 그러나 이것이야 말로 감정과 사고의 동요라고 생각하며 간신히 억누르는 데 성공했다.

배가 섬에 도착할 때쯤 내 마음은 평안해졌다. 배에서 내려 지난번과 마찬가지로 즐겁게 이야기하며 점심을 먹었다. 다 먹고 나서 게라 씨가 말했다.

"자, 산책이나 하고 오게나."

나는 "즐겁게 산책하고 오겠습니다"라고 그에게 싱긋 웃어 보이며 배낭을 메고 산으로 들어갔다. 지난번과 다른 점은 들뜬 기분이 없었다는 것이다. 그 대신 조용한 평안함이 있었다. 한 걸음 한 걸음 내딛는 내 발소리와 멀리서 들리는 새의 지저귐만이 조용히 들려올 뿐이었다.

산 중턱에 오르자 나는 게라 씨한테 배운 명상을 조용히 시작했다. 몇 시간이 지났을까. 자연과 완전히 하나가 되어 나는 섬이 되고 섬은 내가 되었다. 그때 조용히 눈을 떴다. 원래 왔던 길로 천천히 되돌아가 해변으로 돌아왔다. 지난번처럼 그곳에 배는 없었다. 하지만 내 마음에 이제 동요는 없었다. 배낭 안의 식재료를 꺼내고 텐트로 가서 불을 지펴 준비를 시작했다. 그리고 산과 바다를 바라보며 자연의 아름다움을 그저 느낄 뿐이었다.

밤이 되어 타오르는 모닥불을 보며 여러 생각을 했다. 지난번과 다른 점은 이번에는 긍정적이고 감사로 가득 찬 기억이 떠올랐다는 것이다. 부모님과 함께한 어린 시절의 모습, 친구와 뛰놀던 즐거운 추억, 이번 여행에서 만난 멋진 사람들의 얼굴이 떠올랐다가 사라졌다. 부모님에 대한 감사하는 마음이 끝없이 솟아났고, 내가 왜 지금의 가정에서 태어났을까 하는 깊은 의미가 이해되었다.

밤하늘을 올려다보자 그곳에 글자 그대로 하늘을 꽉 채운 별들이 반짝거렸다. 같은 상황인데도 지난번과 전혀 다른 체험이었다. 그때도 내 머리 위에는 별이 한가득 빛나고 있었을 테지만 그것을 본 기억이 없다. 마음 상태에 따라 보이는 것과 느끼는 것이 다르다는 사실에 놀라울 따름이었다.

드디어 일본에 돌아갈 때가 가까워졌다는 생각에 나는 최근 1년간의 생활을 돌아보았다. 그리고 동시에 지금까지 살아온 20년 동안의 인생도 총결산해보았다. 나는 추억 하나하나를 떠올려보면서 게라 씨를 포함한 모든 미국인에게 마음속으로 깊이 감사했다.

그리고 '오늘부터 나는 자립한 어른으로 살아가겠다'라고 나 나름대로 조용히 결의를 다졌다.

깨어보니 아침이었다. 바다를 바라보니 멀리서 배가 오는 것이 보였다. 배가 가까워지고 갑판에서 게라 씨가 상냥하게 손을 흔들고 있었다. 이번에는 혼란에 빠져 우는 일 없이 조용하게 미소를 지으며 그를 향해 손을 흔들었다. 배가 도착하자 게라 씨가 내게 말했다.

"축하하네. 자네는 마지막 관문을 통과했네. 자네는 감정과 사고를 통제하는 마지막 테스트도 보기 좋게 통과했어."

"아아, 이것이 최후의 테스트였군요"라고 나는 대답했다. 분명 같은 상황이었는데도 불구하고, 내 마음은 흔들리지 않았다.

그러기는커녕, 이전보다도 더 감사와 평안함으로 가득 차 있었다. 섬에 있는 동안 일어났던 일을 게라 씨에게 말했다.

그러자 게라 씨는 만족스러운 듯 고개를 크게 끄덕이더니 말했다.

"어떤 일에도 흔들림 없이 담담히 살아가는 마음가짐이 가장 중요하다네. 어떤 상황에 부닥치든 감사와 평안만을 선택하게. 그것이 현실이니까 말이네."

이번에는 게라 씨와 함께 섬 산책을 즐기면서 멋진 시간을 보냈다.

자신에게 주어진 힘의 크기를 알라

무인도에서 돌아오는 길, 크고 넓은 바다에 떠 있는 배 갑판에서 게라 씨는 이야기하기 시작했다.

"마지막으로 말하고 싶은 것이 있네. 한 인간이 가진 힘에 대해서라네. 이전에 인맥 이야기를 했을 때 그렸던 그림을 기억하는가?"

"물론입니다. 무척 인상적이었잖아요."

"한 사람의 인간이 300명과 이어져 있다고 말했었지. 그것은 경제적인 관계뿐만이 아니라 감정적으로도 이어져 있다는 의미라네.

한 사람의 인간이 슬픔과 절망의 구렁텅이에 빠졌을 때 그것은 그 사람과 이어진 300명에게도 영향을 미친다네. 한 사람의 인간이 행복해질 때도 마찬가지로 주변의 300명에게 영향을 미치네. 그리고 그 300명으로부터 감정적인 영향이 파문처럼 퍼져 가는 것이지.

이 배가 일으키는 물결을 보면 이해하기 쉽네. 여기에서 시작한 물결은 다음 물결을 만들고 결국에는 자네의 나라까지 퍼져 간다네."

"장대한 모습 그대로 가는 걸까요?"

"바닷물이 대륙을 연결하듯이 감정이 지구상의 모든 사람을 연결하고 있다네. 갈수록 기술이 발전하면서 모든 것이 초연결되는 시대가 올 텐데 그렇게 되면 내 말을 더 잘 이해할 수 있을 걸세.

한 사람이 폭력적이 되면, 주변 사람도 영향을 받아 거칠어진 기분이 들지. 마찬가지로 한 사람이 행복해지면 주변 사람도 영향을 받아서 행복해지는 것이네. 나는 한 사람의 인간이 절망의 구렁텅이에서 되살아나 사랑과 풍족함을 느끼며 살 때 어떤 영향을 미치는지를 실험해보고 싶네.

나로부터 시작된 행복과 풍족함이 지금 주변의 많은 사람을 행복하고 풍요롭게 하고 있다네. 이 물결이 어떻게 퍼져갈지는 모르겠지만 그것을 이 지구에 남겨놓고 싶네. 그 하나의 물결을 자네와 나누어 가질 생각이네. 자네가 그것을 어떻게 사용할지는 자네의 자유이네만."

나는 눈앞에 펼쳐진 바다를 보면서 물결이 퍼져 나가는 모습을 바라보았다.

새로운 나를 찾아 떠나는 여행

다음 날 아침, 플로리다 날씨는 맑았다. 눈 부신 태양이 조용한 숲에 쏟아지고 있었다. 지금까지 살아온 19년보다도 밀도가 높았을지 모르는 1년간의 미국 생활을 마치고 일본으로 돌아갈 날이 왔다. 공항으로 가는 차 안에서 왠지 말이 나오지 않았다. 아무 말 없이 플로리다의 익숙한 야자나무가 점점 뒤로 물러나는 것을 그저 바라볼 뿐이었다. 많은 이야기가 나오려다가 그냥 들어가 버렸다. 지금의 내 기분을 표현하기에 그 어떤 말도 진부하게 느껴졌다. 탑승권을 받아 보안검색대까지 갔을 때 간신히 게라 씨에게 마지막으로 작별의 말을 해달라고 부탁했다.

그러자 그는 싱긋 웃으며 "자네는 틀림없이 실패할 걸세"라고 말했다.

나의 마음이 동요했다. 지금까지 나에게 장래성이 있다며 몹시 치켜세우더니 실패할 것이라고 하다니, 도대체 무슨 뜻이란 말인가?

그는 혼란스러워하는 내 모습을 잠시 즐기듯이 바라보더니 입을 열었다.

"자네는 반드시 실패를 많이 할 걸세. 하지만 중요한 것은 실패를 통해 얼마나 배우고 다시 시작하느냐일세. **스스로 패배를 인정하지 않는 한 인생의 게임에서 패배란 없네.** 이것만은 기억하게. 여러 번 쓰러지더라도 반드시 일어서게. 자네한테는 어떤 실패에서든 배울 수 있는 지성과 그것을 딛고 일어설 용기가 있다네. 몇 번을 쓰러져도 일어나게.

자신의 용기 있는 태도를 인생 최고의 자랑으로 여기게. 분명 그런 자네를 보고 용기를 북돋아줄 사람이 많이 나타날 걸세. 그리고 자네가 성공하면 이번에는 그들을 응원해주게. 자네를 만나 정말로 반가웠네. 즐거운 시간을 보낼 수 있어 고마웠네."

나는 지금까지 억누르던 감정을 참기 힘들었다. 그저 흐르는 눈물을 닦는 것도 잊은 채 게라 씨를 와락 껴안았다. 게라 씨도 울고 있었다. 부인도 옆에서 눈물을 흘렸다. 나는 이 순간만큼 시간이 멈추기를 간절히 바란 적이 없었다.

"자아, 시간이 됐네. 이제 가게나."

게라 씨가 조용히 말했다. 나는 몇 번이고 뒤를 돌아보면서 그 자리에 서서 손을 흔드는 노부부의 모습을 내 눈에 깊이 새겨 두었다.

게라 씨가 보낸 마지막 편지

비행기에 탄 뒤 한동안 멍했다. 기내식을 먹고 난 뒤에야 게라 씨에게 받은 편지가 불현듯 생각났다. 서둘러 열어보았더니 게라 씨가 손으로 꾹꾹 눌러 쓴 글이 눈에 들어왔다. 그것은 종이 냅킨에 쓸 때 본 적이 있던 다정하고 따뜻한 글씨체였다.

친애하는 젊은 친구에게

자네와 보낸 몇 주간은 내 인생이 끝날 때까지 가장 즐거운 추억이 될 걸세. 이 나이가 되면 가장 큰 즐거움은 자네 같은 젊고 무한한 가능성이 있는 젊은이의 에너지를 마주하는 것이라네. 자네는 잘 모르겠지만 젊고 희망에 넘치는 사람이 내뿜는 기운은 실로 눈부시고 아름답고 사랑스럽다네. 그것을 우리 같은 노인과 나누어주어 진심으로 고맙네.

자네한테는 말할 기회가 없었네만, 자네는 내 은인을 떠올리게 해주었네. 여러 번 말하려고 했는데 왠지 말하지 못했던 것이 있네. 내가 유럽에서 시베리아를 경유해서 일본을 거쳐 미국으로 건너갔던 이야기는 한 적이 있을 걸세.

그런 경로가 있다는 이야기를 내가 한 일본인한테 들었다네. 우연히 카페에서 알게 된 사람인데 말이지. 웃는 얼굴이 아주 인상적인 남자였네. 이름을 그냥 켄이라고만 밝혔네. 결국 그가 알려준 정보 덕분에 나는 지금까지 살 수 있었던 것이네. 미국에서 성공해서 안정을 찾은 뒤 여러 경로로 켄 씨의 소식을 애타게 찾았지만 아직도 그가 누구인지 모른다네. 그것이 계속 마음에 걸렸지.

강연 팸플릿에서 자네의 이름과 웃는 얼굴의 사진을 본 순간 소름이 돋았다네. 켄 씨와 너무나 똑같은 웃는 얼굴이었기 때문이네. 놀랍게도 이름마저 똑같지 않은가. 물론 자네가 그와 어떤 관계도 없다는 것을 충분히 알지만 내게는 실로 의미가 있었네.

그에게 받은 것을 자네를 통해 은혜를 갚은 기분이 들었네. 이걸로 나 나름대로 켄 씨와의 관계를 말끔히 정리할 수 있었네. 이상하게 생각할지 모르지만 자네와의 만남을 진심으로 감사하네. 정말로 고맙네. 자네는 내 마음의 부담을 조금 가볍게 해주었어.

내가 보기에 자네는 틀림없이 성공할 것이네. 물론 진정한 성공에 이르기까지는 힘들고 괴로운 일도 겪어야만 하네. 그것은 리더가 되기 위한 중요한 시련이지. 인간의 깊은 어둠에 맞설 수 있어야 비로소 많은 사람을 이끌 수 있기 때문이지. 10년이 걸린다고 해도 그것은 아주 가치가 있는 일이네.

성격이 급한 자네라면 5년 안에 성공할 수 있다고 말하겠지만, 유감스럽게도 인생은 효율적으로 산다고 좋은 것은 아니라네. 어쨌든 자네라면 그것을 극복해서 틀림없이 많은 사람에게 빛이 되는 리더가 될 수 있을 것이네.

자네에게는 세계적 리더가 될 소질이 있다고 생각하네. 그 운명을 받아들일 수 있는가는 자네의 그릇에 달려 있겠지만 말일세. 부탁이니 자신을 과소평가하지 않기를 바라네. 자네는 내가 과대망상이라고 생각할지 모르겠지만 그것이 자네의 운명이라네. "어째서 내가?"라는 의문이 수없이 들겠지. 많은 세계적 지도자가 그랬듯이 말이네.

앞으로 자네가 쓰는 책이 전 세계에 팔려 여러 도시로부터 초대를 받아 강연하거나 그 나라 지도자를 만나거나 할 걸세. 자네의 존재는 희망을 잃어버린 사람들에게 빛을 던져줄 것이네. 그리고 그들의 내면에 잠자고 있는 본래의 힘을 일깨울 것이네. 자네가 활약하는 모습을 직접 볼 수 없는 것이 유감이지만, 그것은 지나친

나의 욕심이라고 할 수 있겠지. 그래도 내 머릿속에는 이미 훤히 자네의 활약이 보이니까 충분히 만족하네. 자네가 인생을 충실하고 행복하게 살아갈 것이라고 100퍼센트 믿네. 살다가 마음이 꺾일 때는 미국에서 만난 노인을 생각해주게. 자네의 성공을 진심으로 믿고 있는 사람이 적어도 한 사람은 있다고 말이지.

온 몸과 마음으로 자네의 행복한 인생을 빌겠네. 그리고 자네가 앞으로 만날 몇백만 명의 행복도 말일세. 자네를 통해 나는 영원한 생명과 마음의 평안을 얻었네. 정말로 감사하네. 진심으로 고맙네. 자네에게 신의 가호가 있기를!

자네의 나이 든 친구로부터

끝까지 이 책을 읽어주셔서 진심으로 감사드립니다. 게라 씨와의 이야기는 지난 15년 동안 계속 쓰고 싶어 마음 한구석에 남아 있던 일이었습니다. 스무 살에 만났던 게라 씨와의 대화는 내 인생을 크게 바꾼 일대 사건이었습니다. 그 후로 많은 멘토를 만나 지금 나의 인생을 만들 수 있게 되었습니다. 이 이야기를 쓰면서 한 사람 한 사람을 떠올리자 깊은 감사와 감동이 밀려와 몇 번이나 집필을 중단할 수밖에 없었습니다.

사람의 인연이란 불가사의한 것으로, 인간의 힘을 넘은 어떤 시스템이 작용하고 있다고 느낄 때도 자주 있습니다. 이 책에 나오는 게라 씨는 실재의 인물로, 그의 뛰어난 가르침 중에는 내가 지금껏 만나온 다른 멘토들이 준 지혜도 들어 있습니다. 그리고 무대 설정의 일부는 실제 있었던 일의 재미와 즐거움을 돋우기 위해 조금 각색했습니다.

이 이야기의 본질이 당신의 의식 깊숙한 곳에 잠들어 있는 무언가를 깨워내 자기다운 인생을 시작할 수 있는 계기가 된다면 저자로서 최고의 기쁨일 것입니다.

내 인생을 돌아보면 인생을 바꾸는 계기는 사람이나 영화, 책과의 만남이었습니다. 그중에서도 책은 나에게 매우 중요한 것이었습니다.

이 책이 당신의 인생을 바꾸는 만남이 된다면 이 책의 출간에 협력해주신 많은 분의 덕분입니다. 이 자리를 빌려 진심으로 감사드립니다.

혼다 켄

스무 살에 만난
유대인 대부호의 가르침

초판 1쇄 발행 2024년 1월 31일

지은이 | 혼다 켄
옮긴이 | 송소정

펴낸이 | 정광성
펴낸곳 | 알파미디어
편집 | 남은영
디자인 | 이창욱
일러스트 | 김대삼(kimdaesam.com)
출판등록 | 제2018-000063호
주소 | 05387 서울시 강동구 천호옛12길 18, 한빛빌딩 4층(성내동)
전화 | 02 487 2041
팩스 | 02 488 2040
ISBN | 979-11-91122-50-3 (03320)